कोरोना जग की सप्तपदी

कोरोना जंग की सप्तपदी

एक आध्यात्मिक अनुष्ठान

पं. विजय शंकर मेहता

संपादक : अंशु हर्ष

MANJUL

मंजुल पब्लिशिंग हाउस

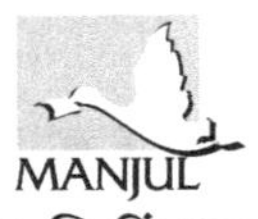

MANJUL

मंजुल पब्लिशिंग हाउस

कॉर्पोरेट एवं संपादकीय कार्यालय

द्वितीय तल, उषा प्रीत कॉम्प्लेक्स, 42 मालवीय नगर, भोपाल-462 003

विक्रय एवं विपणन कार्यालय

सी-16, सेक्टर 3, नोएडा, उत्तर प्रदेश, 201301

वेबसाइट : www.manjulindia.com

वितरण केन्द्र

अहमदाबाद, बेंगलुरू, भोपाल, कोलकाता, चेन्नई,
हैदराबाद, मुम्बई, नई दिल्ली, पुणे

यह संस्करण 2020 में पहली बार प्रकाशित

ISBN 978-93-90085-17-0

मुद्रण व जिल्दसाज़ी : रेप्रो इंडिया लिमिटेड

अनुक्रम

प्राक्कथन – पं. विजय शंकर मेहता ... 7

भूमिका – अंशु हर्ष ... 13

1. हम, हमारा परिवार, और हमारे बुजुर्ग ... 17

2. सोशल डिस्टेंसिंग व मास्क : उपचार और हथियार दोनों हैं ... 33

3. आयुष ... 57

4. आरोग्य एप ... 71

5. ग़रीबी ... 85

6. व्यवसाय ... 99

7. कोरोना योद्धा (डॉक्टर, स्वास्थकर्मी, पुलिस, मीडिया अन्य) ... 115

8. चार क़दम शांति की ओर ... 133

9. पूर्णाहुति ... 147

आभार ... 149

प्राक्कथन

कोरोना की जंग है - बचना है, बचाना है तभी जीत हासिल होगी... कभी-कभी कोई ऐसी महामारी दुनिया में पैर पसार लेती है, जिससे लाखों लोगों की जान चली जाती है। इस पीढ़ी के लिए यह घटना अभूतपूर्व है।

कोरोना ने हमारा सामना एक ख़तरनाक स्थिति से करवा दिया है। हमारी सारी कोशिशें इस महामारी की गति रोकने के लिए हो रही हैं, ख़त्म करने के लिए नहीं। यह बीमारी ख़त्म नहीं होगी। सरकेगी, ज़्यादा ताक़त लगा देंगे तो घिसटने लगेगी, ऐसा अब चिकित्सा जगत भी कहने लगा है।

कोई नहीं जानता इसकी वैक्सीन कब बनेगी। इसीलिए अब यह नारा ही ब्रह्म वाक्य है "उपाय ही उपचार है।" ऐसा ही एक उपाय है "सोशल डिस्टेंसिंग", अगर सोशल डिस्टेंसिंग भी फेल हो गई इस बीमारी को रोकने में, तो मानवता अपनी तबाही की कल्पना भी नहीं कर पाएगी।

कोरोना हमारे साथ और हम जो कोरोना के साथ कर रहे हैं, अगर यह युद्ध है तो मुख्य हथियार है - सोशल डिस्टेंसिंग। सामाजिक, व्यक्तिगत स्तर पर दूरी और एकांत। भारत में जो भी किया जाए उससे भारतीयता विलग नहीं होना चाहिए। कोरोना का व्यवहार पूरी दुनिया के साथ एक जैसा है। उसने अपने संक्रमण के आक्रमण में भेद नहीं रखा। क्या बड़े, क्या छोटे सभी देश दर्द से कराह रहे हैं उसमें हमारा भारत भी शामिल है।

लेकिन हम कोरोना के साथ क्या कर सकते हैं, इसमें हमारी भारतीय मौलिकता काम आएगी, आ रही है, वह है हमारा अध्यात्म। हम धर्म और अध्यात्म का अंतर यहीं समझते चलें। धर्म 'शरीर' है तो अध्यात्म 'आत्मा' है। धर्म सतह है आत्मा गहराई है, धर्म ऊर्जा है आत्मा शक्ति है, धर्म हमारी पहचान है, आत्मा हमारा होना है।

कोरोना का सारा प्रहार शरीर पर रहेगा, आहत भी शरीर होगा। आत्मा की अनुभूति ही आत्मा की समझ है। जिसने आत्मा पर इस दौर में स्वयं को टिका लिया उसका आत्मबल ही कोरोना को पराजित करेगा।

अध्यात्म से जुड़ने का राजमार्ग तो योग है, लेकिन इस राजमार्ग तक जाने की कई पगडंडियां हैं। धरम-करम, दान-करुणा, पूजा-पाठ, स्वच्छता-सतर्कता, आयुर्वेद-प्राकृतिक चिकित्सा, देवस्थान और शास्त्र, आपका धर्म कोई भी हो, अपने-अपने धर्म से ये रास्ते पकड़ लीजिए। हमारी भारतीय संस्कृति के पास एक विशिष्ट स्थिति है जो पूरी दुनिया में किसी के पास नहीं है, वह है संन्यास। गहराई में जा कर देखें तो संन्यास और सोशल डिस्टेंसिंग एक ही है। संन्यास दिव्य स्थिति है और सोशल डिस्टेंसिंग व्यवहारिक अनुशासन है।

हमारे ऋषि-मुनियों ने सोच-समझ कर मानव जीवन के चार चरण (आश्रम) बनाए हैं। ब्रह्मचर्य, गृहस्थ, वानप्रस्थ और संन्यास। कोरोना के दौर में समझदारी होगी कि सीधे संन्यास पर छलांग लगा दी जाए। आप पहले तीन चरण में कहीं भी हों अभी सीधे संन्यास यानी सोशल डिस्टेंसिंग अपना लें।

एक फ़क़ीर हुए हैं दादू, सच्चे ऋषि थे। उन्होंने लिखा है...

ऊपरि आलम सब करै साधु जन घट मांहि,
दादू एतां अंतरा ताथै बनती नाहि।।

इसका सीधा संदेश है कि साधु की समाज से बनती नहीं, सुनने में बड़ा नकारात्मक लगता है, लेकिन वास्तविकता कुछ और है। इसे यूं समझें "ऊपरि आलम" यानी सब देह पर टिकते हैं। हम लोग शरीर पर शुरू होते हैं और शरीर पर ही ख़त्म हो जाते हैं, हम भूल ही जाते हैं कि शरीर के अलावा भी हमारा एक रूप है, वह है आत्मा। तो ये सांसारिक व्यक्ति की स्थिति है।

सारा समाज इसी आचरण और आँख से संचालित है। अपना और दूसरे का शरीर देखो और भोगो, बस।

फिर लिखा है, "साधु जन घट माहि।" घट यानी भीतर उतरकर आत्मा। साधु शरीर से आगे बढ़कर आत्मा तक जाता है। इसी यात्रा में वह संन्यासी हो जाता है। ऐसे ही अंतर के कारण संन्यासी की समाज से बनती नहीं है, कोई झगड़ा नहीं है बस एक सामाजिक दूरी है। वह है समझ की गहराई की, इसे ही सोशल डिस्टेंसिंग कह लीजिए।

शास्त्रों में परमात्मा ने अनेक अवसरों पर कहा है कि संन्यास दो तरह का है, एक आचरण संन्यास, एक आवरण संन्यास। केवल घर छोड़ने और भगवा वस्त्र पहनने से कोई संन्यासी नहीं होता; यह तो आवरण संन्यास होगा। कामनाओं का त्याग, तेरे (परमात्मा) के भरोसे के जीवन की घोषणा ही आचरण संन्यास है। यह तो घर में टिक कर, परिवार के साथ, समाज में रह कर भी घट सकता है, लेकिन दूरी बनी रहती है। वही संन्यास है, यही सोशल डिस्टेंसिंग है।

प्रधानमंत्री श्री नरेंद्र मोदी की संबोधन शृंखला को याद करें। चौथी बार में उन्होंने सात बातें कही थीं। जन चर्चा ने इसका नामकरण सप्तपदी कर दिया। हमने इस पुस्तक के सात अध्याय इसी सप्तपदी को समर्पित किए हैं।

सप्तपदी भारतीय वैदिक परंपरा में वैवाहिक क्रिया का एक शब्द है। वर-वधु के सात पग, सात वचन जो दोनों एक दूसरे को देते हैं। मोदी जी की सप्तपदी व्यवहारिक हैं। इस पुस्तक में हमने इसे वैदिक सप्तपदी से जोड़ा है। जानबूझ कर नहीं, सच तो यह है ये संयोग से जुड़े ही हुए थे। हमने तो सिर्फ़ रोशनी डाली है इन पर।

कोरोना का वर्तमान घटनाक्रम जितना पीड़ादायक है उतना ही प्रेरणादायक भी। इस बीमारी को लेकर हम जितने समझदार हो जाएंगे उतने ही सुरक्षित रह जाएंगे। अब सवाल यह है कि यह "समझ" हम कहां से लाएं दृष्टांत से सिद्धांत समझने में भारतीय मन बहुत सुविधाजनक है। इसीलिए कोरोना से बचने के आध्यात्मिक सिद्धांत हमने हमारी संस्कृति के सात शास्त्रों से लिए हैं। ये ही पुस्तक के सात अध्याय हैं।

1. 'रामायण' जीना सिखाती है। रहने और जीने में फ़र्क है। रहता तो पशु भी है, लेकिन जीने की संभावना सिर्फ़ मनुष्य के पास है।

'रामायण' की कुछ घटनाओं से हम सप्तपदी के पहले चरण में चलेंगे।

2. 'महाभारत' रहना सिखाती है। रहने के कुछ नियम होते हैं। यदि तोड़ेंगे तो महाभारत जैसी घटनाएं हमारे जीवन में घटेंगी। इस कोरोना महायुद्ध में 'महाभारत' हमारे लिए आचार संहिता का काम करेगी।

3. 'भागवत' (पुराण) मरना सिखाती है। इसके नायक कृष्ण हैं। इसमें अनेक प्रेरणादायक प्रसंग हैं, जो मृत्यु की समझ हमें दे जाएंगे।

4. 'देवी भागवत' (पुराण) संभालना सिखाती है। धर्म और विज्ञान की बनती नहीं, दोनों ज़्यादातर मौक़ों पर एक दूसरे की तरफ़ पीठ कर के ही रहते हैं, लेकिन एक जगह विज्ञान और धर्म सहमत हैं। ऊर्जा शक्ति के मामले में। विज्ञान ने भी स्वीकार किया है कि ये दोनों हैं। धर्म का तो आधार ही यही दोनों हैं। चिकित्सा विज्ञान कोरोना से जूझ रहा है, धर्म इसका सहारा बनेगा। इस पुस्तक में लक्ष्मी, दुर्गा और सरस्वती की लीलाओं से हम सीखेंगे। हमारी ऊर्जा भी कोरोना का उपचार बनेगी।

5. 'शिव पुराण' पालना सिखाती है। यह पुस्तक शिव की लीलाओं का वर्णन है। इसमें शंकर कल्याण के देवता हैं। कोरोना के आघात ने हर वर्ग को अपनी-अपनी दरिद्रता का आभास करा दिया है। ऐसे में कल्याण का भाव ही सबको बचाएगा। सप्तपदी के पांचवें चरण में हम शिव लीलाओं की चर्चा करेंगे।

6. 'गीता' करना सिखाती है। अब जो समय आने वाला है उसमें हमारा कर्म योग ही हमारा सहारा होगा। पेशेवर कार्यशैली बदल जाएगी, लेकिन जीतना है, जीना है, यही 'गीता' में कृष्ण ने समझाया था।

7. गणेश जी व हनुमान जी। ये दोनों लोक देवता हैं। यूं कहें कि इन दोनों के चरित्र में हमारे छह शास्त्रों के सिद्धांतों का निचोड़ है। ये दोनों ही हमारे बड़े निकट हैं। गणेश जी को याद किए बिना कोई कार्य आरंभ नहीं होता, हनुमान के स्मरण बिना कोई कार्य समाप्त नहीं होता।

कोरोना संग्राम में ये दोनों लोक देवता हमें सातवें अध्याय की सप्तपदी में मार्गदर्शन देंगे।

नरेंद्र मोदी की व्यवहारिक सप्तपदी, हमारी वैदिक सप्तपदी, सात शास्त्रों के प्रसंग और सात भाग वाली यह पुस्तक अब आपके हाथों में है। पढ़िए, बचिए, बचाइए, स्वयं को, सबको, इस जंग में यही जीत होगी।

—पं. विजय शंकर मेहता
उज्जैन (म.प्र.)

भूमिका

बाल सुलभ जिज्ञासु मन और गुरू का व्याख्यान है यह पुस्तक। राम और कृष्ण इस संसार में आए और गए, फिर भी दुनिया ऐसे ही चलती रही। किसी के आने और जाने से इस दुनिया को कोई फ़र्क नहीं पड़ता। हां, फ़र्क पड़ता है जब उसके द्वारा किए गए काम कोई प्रभाव दिखाते हैं। राम और कृष्ण साकार रूप में हमारे सामने हैं या नहीं उससे फ़र्क नहीं पड़ता, लेकिन राम और कृष्ण के दिखाए रास्ते पर दुनिया चलती है तो फ़र्क पड़ता है।

कोरोना का यह भयावह काल, बहुत डरावना है इतना कि किसी को यह नहीं पता कि भविष्य के गर्भ में क्या छुपा हुआ है। कोरोना समाप्त होगा या नहीं किसी के पास कोई जवाब नहीं है। संसार अलग ढंग से सामने आएगा। ये वर्तमान भी इतिहास बन जाएगा। इस दौर में दो काम ही उपचार हैं। एक स्वयं की रक्षा करना और नई जीवन शैली में सतर्कता के साथ सबक लेना। यदि अभी भी नहीं सीखे तो अपनी और अपनों की आख़िरी सांस अकारण ही कोरोना के नाम कर देंगे।

इस बीमारी का इलाज तो कभी न कभी सामने आ जाएगा, लेकिन इससे अभी और बाद में जो बीमारियां उपजेंगी इनका इलाज हर इंसान को खुद ढूंढ़ कर रखना होगा।

आप चाहे तो पदचाप सुन सकते हैं। डिप्रेशन, बेरोज़गारी, आर्थिक टूटन, भुखमरी हमारे भविष्य में दस्तक देने के लिए चल पड़ी हैं। इस पुस्तक का साहित्य, कोरोना घटनाक्रम का विवरण और बीमारी से रक्षा की सलाह का संयुक्त दस्तावेज़ है। यह पुस्तक आपको वर्तमान में सोचने और विचार करने के लिए मज़बूर करेगी कि इतिहास दोहराया जाता है। घटनाएं रूप

बदल कर ही सही, पर सामने आती हैं। विज्ञान और आध्यात्म का साथ कैसे जीवन में हर क़दम पर नज़र आता है।

इस आपदा से निपटने के लिए व्यवहारिक प्रयासों के साथ आध्यात्मिक दृष्टिकोण बहुत आवश्यक है। आज जो घटनाएं सामने आ रहीं है उनके संकेत हमें हमारे शास्त्रों से मिल रहे हैं। इसीलिए इस पुस्तक में वर्तमान के परिदृश्य को दिखाने के लिए आध्यात्मिक प्रसंगों का जिक्र समस्या के समाधान के लिए किया गया है।

कोरोना काल की घटनाओं की चर्चा जीवन प्रबंधक गुरू पं. विजय शंकर मेहता जी से हो रही थी। इसी बीच हमारे प्रधानमंत्री नरेंद्र मोदी ने अपने चौथे संबोधन में हमें सात बातों की ओर संकेत किया था। वही बातें मैंने पं. विजय शंकर मेहता जी को सौंप दी। प्राचीन काल में भी ग्रंथ किसी जिज्ञासु के प्रश्न पूछने से बने हैं और यह किताब भी एक मंथन है विचारों का, जो बाल सुलभ जिज्ञासा के साथ गुरू का व्याख्यान है।

सात अध्यायों में विभाजित यह पुस्तक पंडित जी के द्वारा कोरोना से संबंधित हमारी समस्याओं का समाधान बन रही है।

इन अध्यायों में कोरोना के इस वक़्त का अध्यात्मिक विश्लेषण भी है, जो वैदिक सप्तपदी, ग्रंथ, उपचार, कहानी और मार्मिक दृश्यों के माध्यम से आपके समक्ष रखा है। आँखों का काम है रोना; अभी, लेकिन दर्द ऐसा कि दिल भी रोता है। पूरी दुनिया में तबाही मचा देने वाले इस वायरस ने साधारण इंसान जी ज़िंदगी को हिला कर दिया है। इस किताब का संपादन तो मैं कर रही हूं, लेकिन इसका अनुपालन सभी को करना है।

अंशु हर्ष
जयपुर (राजस्थान)

यूं समझें पुस्तक को एक नज़र में

अध्याय	प्रधानमंत्री के सात वचन	वैदिक सप्तपदी	सात "शास्त्र" प्रसंग	कोरोना घटनाएं
1.	हम, हमारा परिवार, और हमारे बुजुर्ग	अन्न	रामायण	1. कहां से शुरू हुआ 2. दुनिया और पूरी दुनिया 3. चीन और दुनिया 4. और भारत में भी पसर गया 5. हमारा देश : कुछ निराशा कुछ निराला 6. हमारे बुजुर्ग हमारी धरोहर
2.	सोशल डिस्टेंसिंग व मास्क : उपचार और हथियार दोनों हैं	बल	महाभारत	1. मोदी राजनेता से राष्ट्र नेता होने तक 2. हमें नई जीवनशैली अपनानी ही होगी 3. राजनीति तो होकर रहेगी, लेकिन भ्रष्टाचार से बचा जाए
3.	आयुष	धन	भागवत पुराण	1. डिप्रेशन 2. प्रदूषण
4.	आरोग्य एप	सुख वृद्धि	देवी भागवत	1. सोशल मीडिया - समझ के साथ उपयोगी बनाना 2. शिक्षा
5.	ग़रीबी	प्रजा पालन	शिव पुराण	1. भारत की (अ)व्यवस्थाएं कोरोना के दौर में 2. ग़रीबी : ये घिसटता भारत

6.	व्यवसाय	ऋतु व्यवहार	गीता	1. व्यापार – लोग पीड़ित भी, बर्बाद भी 2. अमीर और दान – कोरोना ही प्रकाश है
7.	कोरोना योद्धा (डॉक्टर, स्वास्थकर्मी, पुलिस, मीडिया अन्य)	मित्रता	गणेशजी हनुमानजी	1. सेवा दल : हमारे हीरो हार नहीं जाएं 2. धर्म : यह आत्मा का अवसर था 3. नादानी 4. इलाज : दवा के दावे

1

हम, हमारा परिवार,
और हमारे बुजुर्ग

हमारे देश के परिवारों की यह विशेषता रही है कि तीन पीढ़ियां एक साथ रहती हैं। यही हमारी कमज़ोरी भी हो सकती है कोरोना की नज़र में।

प्रधानमंत्री श्री नरेंद्र मोदी ने अपने चौथे संबोधन में जो सात वचन कहे हैं सप्तपदी के रूप में, उनमें पहला है - अपने घर के बुजुर्गों का विशेष ध्यान रखें, विशेष रूप से उनका जिन्हें कोई पुरानी बीमारी हो उन्हें कोरोना से बहुत बचा कर रखना है।

दुनिया भर की जिन प्रयोगशालाओं ने परमाणु से बम बना लिए वो इस छोटे से विषाणु के सामने पराजित मुद्रा में हैं। इसीलिए हमें अपने परिवारों की फ़िक्र अधिक होनी चाहिए। भारत के परिवार अपने आप में प्रयोगशाला ही हैं। भले ही हम कोरोना का उपचार ना ढूंढ़ सकें, लेकिन उसके प्रवेश को अगर वर्जित कर सकें तो यही हमारे बुजुर्गों का, हमारे परिवारों का इलाज होगा।

अभी हम जिस विपदा से डगमगा रहे हैं वो है "कोविड 19।" दरिया में,जब तूफ़ान आता है तब मल्लाह की मज़बूती, उसकी कुशलता ही उसे दरिया से पार लगाती है, लेकिन अगर नाव ही कमज़ोर हुई तो कोई मल्लाह क्या कर लेगा। कोरोना का तूफ़ान हमारी ज़िंदगी में प्रवेश कर चुका है।

चाहे सरकार हो, डॉक्टरों का दल, पुलिस के लोग या अन्य संस्थाएं कितनी ही कुशलता और मज़बूती से काम करें, परंतु हम ग़लती कर गए तो फिर डूबना पड़ेगा।

हमारी नाव की एक कमज़ोरी कोरोना के मामले में बुजुर्ग हैं। कोरोना ने ओहदा तो नहीं देखा, चाहे छोटा हो या बड़ा सब इसकी चपेट में हैं, लेकिन उम्र में भेदभाव कर गया। बच्चों और बुजुर्गों में इसकी आसानी से पैठ दिखी।

अपने आपको सुरक्षित कर लेना और अपने बच्चों और बुजुर्गों की देखभाल करना बहुत बड़ी सेवा होगी। हमारे देश में तीन तरह के बुजुर्ग हैं; एक जिनकी देखभाल करने के लिए अन्य लोग उपस्थित हैं। वृद्धों का दूसरा वर्ग वो है, जिनकी देखभाल करने वाले उनसे किसी वजह से दूर हैं और वे अकेले हैं। तीसरा एक वर्ग है जो लावारिस सा है। अब कोरोना इन पर आक्रमण कर सकता है।

वैदिक सप्तपदी का पहला मंत्र है :

ओ३म् एको विष्णुजर्गत्सर्व, व्यापं येन चराचरम्।
हृदये यस्ततो यस्य, तस्य साक्षी प्रदीयताम्।।

पहला चरण –

ओ३म् इष एकपदी भव सा मामनुव्रता भव।
विष्णुस्त्वानयतु पुत्रान् विन्दावहै, बहूँस्ते सन्तु जरदष्टयः।। 1 ।।

अन्न वृद्धि की साक्षी

वर कहता है, मैं अपने परिश्रम से ऐसा अन्न अर्जित करके घर लाऊंगा, जिसमें वधु के हाथ लगने पर वह अन्न भोजन बन जाएगा। एक परिवार का मन अन्न से तैयार होता है। अन्न यदि शुद्ध है सावधानी से तैयार किया गया है तो इससे पूरा परिवार संस्कारित हो सकेगा। आज हमारे परिवारों में अशांति का एक कारण अन्न की अशुद्धि भी है। जैसे-जैसे हमारी उम्र बढ़ती है, अन्न को पचाने के लिए हमारा सिस्टम भी कमज़ोर हो जाता है।

तो हमें अधिक सावधान रहना है। खानपान की शुद्धि कोरोना की महामारी में बहुत आवश्यक है।

भारत की पूंजी है परिवार

हम भारतीयों की विशेषता, हमारी पूंजी हमारा परिवार है। इस कोरोना काल के पहले हम एक अंधी दौड़ में दौड़ते जा रहे थे, जहां अपनों से मिलना भूल गए थे। रिश्ते निभाना भूलते जा रहे थे। इस बुरे में एक भला यह हुआ कि लॉक-डाउन ने हमें परिवार से जोड़ा। एक हाथ में हानि और एक हाथ में लाभ कोरोना ने साथ दिए। फिर जो घटनाएं हुईं उसने भारत में एक नए पारिवारिक दृश्य को स्थापित कर दिया।

क्योंकि भारत की पूंजी परिवार है इसीलिए कोरोना एक बार ठिठक गया यह देख कर कि इनके पास एक अलग ताक़त है वो परिवार की है। अध्यात्म की है, देश के प्रति समर्पण के भाव की है और अब सोशल डिस्टेंसिंग, यानी रिश्ते निभाना भी नए ढंग से सीखना होगा।

चलिए, कोरोना की कहानी में शुरू से प्रवेश करते हैं।

ग्रंथ परिचय – 'रामायण'

'वाल्मीकि रामायण' से प्रेरित होकर संत तुलसीदास ने 'रामचरितमानस' जैसे महाकाव्य की रचना की। इसके नायक भगवान राम हैं। हिंदू शास्त्रों के अनुसार भगवान राम, विष्णु के अवतार थे। इस अवतार का उद्देश्य मृत्युलोक में मानवजाति को आदर्श जीवन के लिए मार्गदर्शन देना था। अंततः श्रीराम ने राक्षस जाति के राजा रावण का वध किया और धर्म की पुनर्स्थापना की।

1. कहां से शुरू हुआ

कहा जाता है कि कोरोना की शुरुआत चीन के सी फ़ूड मार्केट से हुई। एक 57 वर्षीय महिला को पहली बार कोविड-19 पॉज़िटिव पाया गया। उसे "पेशेंट ज़ीरो" कहा गया, क्योंकि वो पहली पेशेंट थी, जिससे ये पुष्टि हुई

थी कि वो कोरोना पॉज़िटिव है। उसकी उम्र 57 वर्ष की थी जब वो कोरोना पॉज़िटिव पाई गई, उसके बाद बुजुर्गों को विशेष हिदायतें दी गईं कि उनका विशेष ख़्याल रखा जाए, क्योंकि बढ़ती उम्र के साथ इम्युनिटी पावर कम हो जाती है और किसी भी वायरस का अटैक शरीर सहन नहीं कर पाता।

कोरोना की यात्रा प्रारंभ :

चीन से होता हुआ यह कोरोना वायरस सफ़र कर के थाईलैंड पहुंचा। काम के सिलसिले में लोग यात्रा करते ही हैं। बस उसी सफ़र में इस वायरस की यात्रा शुरू हुई।

जनवरी में अमेरिका में पहला पॉज़िटिव केस मिल गया।

जनवरी में चीन के वुहान में नया साल बहुत धूमधाम से मनाया गया। सामूहिक रूप से लोग एकत्रित हुए और इसके कुछ दिन बाद वुहान में लॉक-डाउन कर दिया गया।

अभी भारत चीन की ओर देख ही रहा था कि कोरोना भारत में पसर गया। भारत में पहला कोरोना पॉज़िटिव केस जनवरी के आख़िरी में केरल में आया। चीन में पढ़ने वाली 20 साल की यह मेडिकल छात्रा कुछ और विद्यार्थियों के साथ चीन से भारत आई थी। वो चीन के वुहान में पढ़ रही थी, जहां कोरोना वायरस का सबसे पहला और भारी अटैक हुआ था। जब उसे जुकाम और बुखार हुआ, तो वो डॉक्टर के पास जांच कराने पहुंची और पता चला कि वो कोरोना पॉज़िटिव मरीज है।

'रामायण' की सीख

वायरस मंथरा की तरह होता है।

'रामायण' में मंथरा एक ऐसे वायरस की तरह थी जो आई कहीं और से थी और अयोध्या के पूरे क्षेत्र में फैल गई थी। मंथरा, कैकय देश से अपनी रानी कैकयी के साथ दहेज़ में आई थी। कैकयी अपनी दासी मंथरा की कमज़ोरी जानती थी, लेकिन नज़र अंदाज़ करती रही। जैसे चीन ने किया और दूसरे देश चीन के प्रति करते रहे। जब मंथरा ने कैकयी के कान भरने

शुरू किए तो कैकयी उसकी तासीर जानती थी इसीलिए डांट कर बोली–

सुनि प्रिय बचन मलिन मनु जानी।
झुकी रानी अब रहु अरगानी।।

पुनि अस कबहुँ कहसि घर फोरि।
तब धरि जीभ कढ़ावउँ तोरी ।।

मंथरा की बात सुनकर किंतु उसको मन की मैली जानकर रानी झुककर (डांटकर) बोली – बस अब चुप हो रह घरफोड़ी कहीं की, जो फिर कभी ऐसा कहा तो तेरी जीभ पकड़कर निकलवा लूंगी।

लेकिन धीरे-धीरे मंथरा ने कैकयी को पूरी तरह से अपने क़ाबू में कर लिया था। कैकयी चूक गई, मंथरा प्रवेश कर गई। मंथरा के हावी होने का दुष्परिणाम यह हुआ कि राम राज्य चौदह वर्षों के लिए अयोध्या से खिसक गया। राम राज्य यानी एक आदर्श व्यवस्था, जिसमें सबका विकास होना था।

इस वायरस के धक्के से भारत के विकास को भी पीछे हटना पड़ेगा। प्रधानमंत्री ग़लत नहीं कहते हैं कि 21 दिन के लॉक-डाउन में हमने सावधानी नहीं रखी तो देश 21 साल पीछे जाएगा। मंथरा की यह कुचाल कोरोना के रूप में आज हमारे सामने है। मंथरा अयोध्या में दो लोगों से डरती थी। एक लक्ष्मण और दूसरे शत्रुघ्न।

आज हमारे देश को यदि कोरोना से बचाना है तो हमें अपने भीतर के लक्ष्मण और शत्रुघ्न को सक्रिय रखना पड़ेगा। लक्ष्मण अपने त्याग और तपस्या के कारण जाने जाते हैं। शत्रुघ्न घर के शत्रु को पहचानकर उस पर प्रहार करने के लिए माने जाते हैं। मंथरा काम दिखा चुकी है अब हमें आंतरिक जागृति से ही इसका निपटारा करना होगा।

2. दुनिया और पूरी दुनिया

कोरोना काल के पहले, एक तीव्र गति की चाल से हम पूरी दुनिया को नाप लेना चाहते थे। इतनी कमाई कर संग्रहीत कर लेना चाहते थे कि सब कुछ हासिल कर सकें इस दुनिया में। लेकिन कोरोना के आने से, लॉक-डाउन से अर्थव्यवस्था गड़बड़ाई, एक ऐसा झटका लगा कि सालों लगेंगे उबरने में।

मरने वालों की संख्या भी बढ़ती जा रही थी। एक लाख से अधिक लोग पूरी दुनिया में काल के ग्रास में समा गए। दुनिया के अस्पताल भर गए। लाशों के ढेर लगने से नए-नए मुर्दाघर बनाने पड़े। एक समय ऐसा आया कि मुर्दाघर भी भरते जा रहे हैं। इतनी अधिक संख्या में मुर्दे इस दौर के मानव ने इससे पहले कभी नहीं देखे थे।

अभी तो यह दृश्य आना बाक़ी है कि दुनिया चीन को बीमारी रोकने का श्रेय देगी या फैलाने का आरोप लगाएगी। यह देखना ज़रूरी है कि दुनिया में पहले वैक्सीन कौन बना लेता है चीन या अमेरिका और या फिर कोई अन्य देश। इस वक़्त सब अपने-अपने संघर्ष में डूबे हुए हैं। बड़ी अजीब सी दुनिया हो गई है इन दिनों।

'रामायण' की सीख

भरत का पादुका राज :

कोरोना ने पूरी दुनिया में ना छोटे राजनेताओं को छोड़ा, ना बड़े प्रधानमंत्री को, ना ही किसी मंत्री विशेष को बख़्शा। अभी भी नहीं कह सकते कौन बड़ी हस्ती इसकी चपेट में कब आ जाए। सारी दुनिया के देशों के राजनेताओं को भरत के 'पादुका राज' से शिक्षा लेनी चाहिए।

एक समय चुनौती का ऐसा आता है जब अपने स्वार्थ, अहंकार, कुटिल राजनीति आदि को छोड़ देना चाहिए। यह तब छूटेगा जब आप पादुका राज का मतलब समझेंगे।

भरत ने उन पादुकाओं को, जो राम जी ने उन्हें दी थीं सिंहासन पर स्थापित कर दिया और सामान्य व्यक्ति की तरह

प्रजा पालन में लग गए। आज राजा और प्रजा दोनों समान रूप से संकट में हैं। ऐसे में राजाओं को सत्ता सुख छोड़कर सामान्य सेवक की तरह अपनी ही बनाई नीतियों का निष्पक्ष क्रियान्वयन करना होगा। राम जी की खड़ाऊ यानी पादुका के लिए तुलसीदास जी ने लिखा था–

चरनपीठ करुणानिधान के, जनु जुग जामिक प्रजा प्रान के।

करुणानिधान श्री रामचंद्र जी की दोनों खड़ाऊं प्रजा के प्राणों की रक्षा के लिए मानो दो पहरेदार हैं। आज यदि राजा को सचमुच प्रजा के प्राणों की रक्षा करनी है तो आध्यात्मिक शक्ति के प्रतीक रहे दो पहरेदार, यानी पादुका को समझना होगा। पादुका में सेवा और समर्पण का भाव है। यदि उसे अपनाएंगे तभी राजनेता अपनी प्रजा की रक्षा कर पाएंगे।

3. चीन और दुनिया

ये वायरस प्रकृति से जन्मा है या मानव जाति को हानि पहुंचाने के उद्देश्य से प्रयोगशाला में तैयार किया गया है। इसके पुख्ता प्रमाण आने में अभी समय लग सकता है।

लेकिन जो अटकलें लगाई जा रही हैं वो एक जैविक युद्ध की ओर इशारा कर रही है। जिस लेबोरेट्री पर आरोप है कि यह वायरस वहां से बाहर आया है वो उस मीट मार्केट के समीप है जहां से पहले पहल रोगी सामने आया था। चीन और अमेरिका के इस अघोषित युद्ध में दुनिया भारत की ओर भी देख रही है, और यहीं भारत को बहुत सावधान रहना होगा।

'रामायण' की सीख

राम कथा में सात काण्ड हैं। तीसरा सोपान है अरण्य काण्ड। अरण्य यानी जंगल। श्री राम अपने वनवास में जो आचरण करते हैं, वह बहुत बड़ा संदेश है। इस समय भारत के सभी

नागरिक चाहे वो राजा हों या रंक, अरण्य काण्ड से गुज़र रहे हैं। अरण्य के जीवन का अर्थ होता है, उन सामान्य सुख-सुविधाओं से वंचित हो कर एक कठिन ज़िंदगी जीना।

श्री राम ने अपने वनवास में यही किया था। उस समय के उनके आचरण से यही संदेश मिलता है कि इंसान की ज़िंदगी तीन भागों में बंटी है, उसका भूतकाल, वर्तमान समय और भविष्य। राम का चरित्र बताता है जो बीत गया है वो भूतकाल है, उसमें बहुत कुछ छोड़ देना चाहिए। यदि स्मृतियों के बोझ को अपने सर पर रखा तो ज़िंदगी की चाल डगमगा जाएगी। बहुत से लोग बीते वर्षों में जो घटा उसे भूल नहीं पाते। भूतकाल के अनुभव तो याद रखना चाहिए, लेकिन आरोप-प्रत्यारोप, जिन बातों से अहंकार को ठेस लगे, अहंकार बढ़े, ऐसी बातें छोड़ देना चाहिए।

वर्तमान को पकड़े रहना चाहिए और भविष्य से जुड़े रहना चाहिए। यह राम का संदेश था। राम अपने वर्तमान में ऋषि-मुनियों से मिल रहे थे और भविष्य पर उनकी ऐसी नज़र थी कि अगर रावण को चुनौती देना है तो शूर्पणखा के नाक-कान काटने होंगे। हमें और हमारे राजनेताओं को इस समय राम से यह सीखना चाहिए। ख़ास तौर से चीन के मामले में कि हमारा भूतकाल उसके साथ बहुत शुभ नहीं रहा है। वर्तमान में हम जो संघर्ष कर रहे हैं, वो भी उसी की देन है और भविष्य में दुनिया हमें देख रही है; चीन के विकल्प के रूप में। इसीलिए इन तीनों में संतुलन बनाना हर भारतीय की ज़िम्मेदारी है। राम यही सिखा गए हैं।

4. और भारत में भी पसर गया

मार्च 2020 तक कोरोना लगभग पूरी दुनिया में पसर चुका था, हम कुछ देख तो पा रहे थे लेकिन कुछ समझ नहीं पा रहे थे। पर यह तय होने लगा था कि कोई भी देश किसी दूसरे की मदद करने की स्थिति में नहीं है। यह बात

सही है कि अन्य देशों के मुक़ाबले भारत में कोरोना का विस्तार कम हुआ, क्योंकि भारत अध्यात्म की धरती है।

भारत में पहला कोरोना पॉज़िटिव केस जनवरी के आख़िरी में केरल में आया। अगर यह कोरोना की ख़िलाफ़त का युद्ध यदि फ़रवरी या मार्च माह के पहले सप्ताह में ही हो जाता तो भारत की सेहत पूरी दुनिया पर छा जाती, फिर भी कई देश चौंक कर, हमपर नज़र लगाए बैठे रहे। यहां ऐसा कैसे हो गया। जब विश्व की धरती कोरोना के प्रकोप से ठप हो चुकी थी तब हमारे यहां उसके पदचाप की हलचल शुरू हो गई थी।

भारत में अफवाहों और हक़ीक़त के बीच जनजागृति करनी होगी अन्यथा आपस का जन-संघर्ष शुरू होगा और कोरोना को ज़्यादा मौक़े मिलते जाएंगे।

'रामायण' की सीख

राम कथा में संशय की एक रात की भी चर्चा आती है। गुरू वशिष्ठ उन्हें सूचना दे गए थे कि कल राज तिलक होगा। राम अपने महल में कुछ बैचेन से घूम रहे थे। यह देख कर सीता जी ने पूछा, "राघव आप क्यों असहज हैं?" यह सुन कर राम ने उत्तर दिया था, "यह राज तिलक मुझे ठीक नहीं लगता। मुझे गुरू विश्वामित्र की बातें याद आती हैं। जब वो मुझे और लक्ष्मण को पिताजी से मांग कर जंगल ले गए थे, तब हमने वहां जो दृश्य देखे थे वो आज मुझे पुकार रहे हैं, हमने नदियों का रंग रक्त में रंजित देखा। ऋषि-मुनियों और सामान्य मनुष्यों की हड्डियों के पहाड़ नज़र आए थे। रावण का आतंक पूरी तरह पसर चुका था। और गुरू विश्वामित्र जी ने कहा था, राम मैं तुम्हें यहां इसीलिए लाया हूं कि तुम यहां देख सको कि तुम्हारे पिता दशरथ राजमहल में विराजे हैं वहां से राज्य कर रहे हैं और इधर दशानन पूरी तरह से फैल चुका है।"

अगर हम यहां रावण को कोरोना से जोड़ दें तो कोरोना ऐसे ही पसर गया। तब राम ने सीता से कहा था कि यदि मैं राजा बन जाता हूं तो अयोध्या के राजमहल से मैं रावण से युद्ध नहीं लड़ पाऊंगा, उसके लिए मुझे एक लंबा संघर्ष करना पड़ेगा।

मुझे जनजागृति करनी होगी, ठीक वैसी ही स्थितियां आज भी बन रही हैं। अब कोरोना से हमारा संघर्ष अल्प समय का नहीं है। अब जागृति, सतर्कता और निरंतरता ही इस कोरोना रूपी रावण को मारने में हथियार बनेगी। राम ने तपस्वी वेश में रावण को मारा, राजकीय संसाधनों को तपस्वी आचरण का सहारा मिले तो रावण मरेगा।

5. हमारा देश : कुछ निराशा कुछ निराला

कोरोना के पहले हम अपने देश की धरती पर कई लड़ाइयां देख चुके हैं। हैज़ा, अकाल, चेचक, टीबी, राशन की दुकान की कतारें, गांव-गांव के स्कूल, गैस के कनेक्शन का संघर्ष, पंजाब का आतंकवाद, कश्मीर की समस्या, नोटबंदी की मारामारी, क्या नहीं देखा है हम भारत वासियों ने।

लेकिन इस बार ऐसा लगा कि कहीं डगमगा ना जाएं।

पर ऊपरवाला हमारे देश के साथ अलग ही ढंग से जुड़ा है।

ऐसी बात नहीं है कि हमने अपने ही देश में इन बातों की चर्चा की अब तो दुनिया भी सुन रही है, हमारे यहां की आयुर्वेदिक दवाएं जीवाणु और विषाणु के काट के लिए हवन सामग्री, विशिष्ट जड़ी-बूटियों के प्रयोग, घरेलू नुस्खे, आसन-प्राणायाम आदि ये सब भारत को गौरव दिलाएंगे। देखते ही देखते भारत का 'नमस्ते' ग्लोबल हो गया। हमारा 'नमस्ते' हिंदू प्रणाम के छह तरीक़ों में से एक है। यह संस्कृत का शब्द है पर दुनिया मान गई, नमस्ते का अभिवादन वायरस प्रूफ़ है।

हम कोरोना पर भले ही विजय की मुद्रा में नहीं हों पर एक दम पराजित भी नहीं हुए हैं। कई देश आश्चर्य भी कर रहे हैं, ईर्ष्या में भी डूबे हैं, ये तब हैं जब भारत संपन्न नहीं है, लेकिन उसकी संपन्नता में अध्यात्म की ताक़त जुड़ी हुई है।

प्रधानमंत्री नरेंद्र मोदी की प्रदर्शन प्रियता पर उनके आलोचक जो भी टिप्पणी करें पर यह सही है कि यदि हम कोरोना पर जीते तो हमारी इस

विजय यात्रा में प्रधानमंत्री के प्रयोग, उनके संबोधन, निर्णय किसी न किसी दिन मैनेजमेंट के कोर्स में ज़रूर पढ़ाए जाएंगे। सामाजिक मनोविज्ञान के अनूठे प्रयोग किए उन्होंने। ताली, थाली और दिए के माध्यम से। 'हम अकेले नहीं हैं...', का संदेश भारत जैसे देश के लोगों में जगाने की कला नरेंद्र मोदी जानते थे, क्योंकि घरों में बंद लोग भविष्य के भय से टूट भी सकते थे, कोई ऐसा क़दम उठा सकते थे जो ग़लत होता, लॉक-डाउन और सोशल डिस्टेंसिंग को प्रधानमंत्री मोदी ने भारतीय जनमानस में ऐसा जोड़ा कि ये ब्रह्मसूत्र बन गए।

'रामायण' की सीख

प्रधानमंत्री नरेंद्र मोदी ने अपने संबोधन में देश को दो शब्द और कहे थे, वो शब्द भारतीय जनमानस में रचे बसे हैं। एक तो 'रामबाण' और दूसरा 'लक्ष्मण रेखा।'

उनका कहना था कि सोशल डिस्टेंसिंग ही कोरोना का 'रामबाण' इलाज है और लॉक-डाउन की 'लक्ष्मण रेखा' मत लांघिए। इन दोनों को राम कथा से समझा जाए।

अचूक औषधि के लिए हम लोग 'रामबाण' शब्द का उपयोग करते हैं। राम ने रावण को ऐसे बाण मारे थे कि जिसे मृत्यु पर विजय का वरदान प्राप्त था उसको भी मरना पड़ा। इसीलिए 'रामबाण' का बड़ा यश गान किया जाता है। सोशल डिस्टेंसिंग वही 'रामबाण' है। लॉक-डाउन 'लक्ष्मण रेखा' की तरह है। सीता जी की सुरक्षा के लिए लक्ष्मण जाते-जाते रेखा खींच गए थे। रावण जब अपहरण करने आया और उसने लक्ष्मण रेखा लांघने का प्रयास किया तो उसमें से अग्नि निकली। उसने अभिमंत्रित जल छिड़क कर जानकारी निकाली कि यह तो लक्ष्मण की खींची हुई रेखा है, इसको लांघ नहीं सकते।

उधर लक्ष्मण, सीता जी को मना कर के गए थे कि इसको लांघिएगा नहीं, लेकिन साधु वेश देख कर सीता जी बाहर आ गईं। उसी दिन ये तय हो गया कि 'लक्ष्मण रेखा' से उस पार से इस पार आने में जल जाने का डर है और इस पार से

उस पार जाने में अपहरण हो जाने का भय है यानी ख़तरा है।

हम भारत वासियों को राम कथा में श्रद्धा है। 'रामबाण' रूपी सोशल डिस्टेंसिंग और 'लक्ष्मण रेखा' रूपी लॉक-डाउन का पालन लंबे समय रखने की तैयारी रखना चाहिए।

6. हमारे बुजुर्ग हमारी धरोहर

भारत के परिवारों की एक विशेषता है कि यहां 80 बरस का एक वृद्ध वही सम्मान पा लेता है जो प्यार आठ वर्ष के बच्चे को उपलब्ध है। कुछ वृद्ध अपने परिवार के साथ हैं, तो उनकी सेवा हो जाती है। एक वर्ग ऐसा है, जिनके बच्चे दूर हैं। वो जैसे-तैसे अपनी सेवा पूरी कर रहे हैं, लेकिन एक परिवार भारत का सड़क पर उतरा है प्रवासी मज़दूरों का। उसमें भी ऐसे वृद्ध हैं, जो लगभग लावारिस से हैं।

हम लोग अपने परिवार के साथ सौभाग्य से एक छत के नीचे सुरक्षित हैं। क्या हमें मालूम है कि इस छत के बाहर जो दुनिया है हर साल ढाई लाख लोग उसमें टीबी से मर जाते हैं, एक लाख बच्चे डायरिया से जीवित नहीं रहते।

ये कौन लोग हैं? ये घरों में सुरक्षित छत वाले परिवारों से अलग हैं। इसीलिए यदि आज हम अपने-अपने परिवारों के साथ लॉक-डाउन में हैं अपने बड़े-बूढ़ों के साथ हैं, तो उनकी अतिरिक्त सेवा कीजिए।

लॉक-डाउन असाधारण परिस्थिति में असाधारण कदम है। भारत के लॉक-डाउन को दुनिया ने कोरोना के प्रति सबसे तीक्ष्ण प्रतिक्रिया माना है। भारत लॉक-डाउन के मामले में शत-प्रतिशत हो कर शीर्ष पर रहा, इसीलिए इस लॉक-डाउन का लाभ हमें केवल कोरोना की रक्षा से नहीं परिवार की अनुभूति के स्तर पर भी उठाना चाहिए।

यह सही है कि लॉक-डाउन के दिनों में बाहर के माहौल का महत्त्व और भीतर स्क्रीन, चाहे टीवी का हो या मोबाइल का महत्त्व का मुक़ाबला होता रहा। लोगों ने तो कहना शुरू कर दिया कि यदि टीवी और मोबाइल ना होते और फिर लॉक-डाउन होता तो हम भी नहीं होते।

लॉक डाउन के पहले जिस तरह की जीवन शैली हम जी रहे थे उसमें हम कई बातों का महत्त्व ही भूल गए थे, वह हमें इस दौरान दिखने लगा। कोई देखना ना चाहे तो बात अलग है। यह अवसर था और अभी भी है कि अपने बड़े-बूढ़ों से कुछ बेशक़ीमती ले लें जिसे लेने में हम चूक रहे थे।

'रामायण' की सीख

लॉक-डाउन के दौरान दो घटनाओं पर नज़र डालिए। बाली को जब श्री राम ने बाण मारा तो अपनी अंतिम सांस लेने के समय बाली ने अपने बेटे अंगद को श्री राम को सौंप दिया। समय रहते अपनी संतानों को भगवान से जोड़िए।

ये प्रयोग कई लोगों ने लॉक-डाउन के दौरान किए और आगे भी करते रहना चाहिए। दुनिया में सबसे अधिक गाया हुआ साहित्य है सुंदर काण्ड। राम कथा में सुंदर काण्ड के आरंभ की चौपाइयों में पहली पंक्ति है :

"जामवंत के बचन सुहाए। सुनी हनुमंत हृदय अति भाए।।"

सुंदर काण्ड का पहला शब्द "जामवंत" है जो राम जी की सेना का सबसे बूढ़ा व्यक्ति था। हनुमान जी की यश गाथा है सुंदर काण्ड। हनुमान जी जब अपनी सफलता की यात्रा पर पहली बार निकले तो उस साहित्य में जामवंत को सबसे पहले याद किया।

हनुमान जी और तुलसीदास जी हमें एक बात सिखा गए, जिस राष्ट्र में समाज में परिवार में बड़े-बूढ़ों का मान होगा उनका आशीर्वाद प्राप्त किया जाएगा, उनकी सेवा की जाएगी, उनकी सफलता सुनिश्चित है। चाहे यह बात कोरोना पर लागू करके देख लीजिए।

बचाव ही उपचार है

1. बार-बार हाथ धोने की आदत डालें।

2. घर व कार्य स्थल पर नियमित साफ़-सफ़ाई रखें।

3. कपड़े नियमित रूप से धुलें और बेडशीट्स हर दूसरे दिन।

कहानी कहती है –

संतोष को धन मानिए

मनुष्यों का स्वभाव होता है संग्रह करना। हम चाहते हैं ज़िंदगी में सबकुछ इकट्ठा कर लें। लॉक-डाउन और कर्फ़्यू से मानव स्वभाव की वह वृत्ति जाग गई जिसे कहते हैं संग्रह की वृत्ति।

यह वृत्ति लोभ और भय दोनों से पैदा होती है। लोभी तो संग्रह करता ही है, पर कभी-कभी भय के कारण भी संग्रह करना पड़ता है। सबके मन में यह बात जाग गई कि हम कितना संग्रह कर लें। पता नहीं कल राशन मिले, नहीं मिले। पेट्रोल मिले, नहीं मिले। तो एक हड़बड़ाहट सी शुरू हो गई और इस हड़बड़ाहट ने संग्रह की वृत्ति को और बल दे दिया।

संग्रह की वृत्ति बुरी नहीं है, पर यदि लोभ और भय से संचालित है तो परिणाम अच्छे नहीं देगी। इतना संग्रह करके रखिए कि जीवन की आवश्यकताएं पूरी होती रहें।

एक मुनि बड़े तपस्वी, निरहंकारी, निराकांक्षी थे। लोभ ने तो कभी छुआ ही नहीं। बीच जंगल में उनका आश्रम था और दूर-दूर से शिष्य उनके यहां पढ़ने आते थे।

गुरुकुल में एक व्यवस्था सिखाई जाती थी कि जितना आवश्यक हो, उतनी ही वस्तुओं का उपयोग किया जाए। ख़ास तौर पर विद्यार्थी जीवन में तो त्याग, तपस्या, वैराग्य इनके अर्थ नए-नए ढंग से समझाए जाते थे। मुनि के उस आश्रम में सामान्य दिनचर्या की व्यवस्थाएं तो थीं, पर बहुत सुविधाएं नहीं थीं, क्योंकि ऋषि-मुनियों का मानना है कि बिना बहुत अधिक सुविधाओं के भी व्यक्तित्व तराशा जा सकता है। बस, दो वक्त के भोजन आदि की सामान्य व्यवस्था हो जाए और ज्ञान प्राप्त करते रहो।

एक बार एक राजा आखेट के लिए उस जंगल में गया। उसने वह आश्रम भी देखा जहां मुनि की कुटिया बड़ी अद्भुत थी। उस जंगल का सारा वातावरण तपोवन बन चुका था। राजा ने विचार किया कि अपना परिचय दिए बिना मैं देखूं ये ऋषि अपने शिष्यों को कैसे पढ़ाते हैं? वह थोड़ा सा छुपकर उनकी कक्षा को देखने लगा...

मुनि अपने शिष्यों को समझा रहे थे इंसान कितना ही योग्य हो, जब अपनी योग्यता से कुछ प्राप्त कर लेता है और यदि उसकी सीमाएं नहीं बांधता तो फिर वह अशांत, परेशान हो जाएगा। इसलिए जीवन में संतोष को धर्म मानकर उतारिए। 'संतोष को धर्म मानिए', ऋषि के मुंह से यह बात सुनकर राजा चौंक गया।

जब कक्षा समाप्त हुई तो उसने अपना परिचय यह नहीं दिया कि मैं राजा हूं। बस, बोला – मैं एक यात्री हूं जो यहां से गुज़र रहा था और आपको देखा तो प्रणाम करने की इच्छा जाग गई। क्या मैं आपके इस आश्रम का अवलोकन कर सकता हूं? उन मुनि ने कहा कि भाई, यह आश्रम तो सबका है। आप आराम से घूमकर देख लीजिए।

राजा ने अंदर जाकर देखा एक छोटी सी झोपड़ी थी, उसमें कुछ सामान रखा था और कोई सुख-सुविधा नहीं थी। ज़मीन पर सोने के लिए दरियां थीं, झोपड़ी इतनी ढंक दी गई थी कि धूप-बारिश से रक्षा हो जाए। भोजन बनाने के सीमित साधन थे, जल के लिए एक कुंड था, जिसमें से जल सीधे भरकर पी लिया जाता था। मतलब पानी के संग्रहण की भी व्यवस्था नहीं थी।

राजा सोचता रहा और अपना वास्तविक परिचय देते हुए बोला, "मैं एक राजा हूं और आपको कुछ सुविधाएं देना चाहता हूं। आप जैसा विद्वान व्यक्ति और यह टूटी-फूटी कुटिया? आप कहें तो कुछ धन की व्यवस्था कर अच्छा सा आश्रम बनवा दूं ताकि आपका जीवन भी सुख-सुविधाओं में बीते।"

ऋषि ने कहा, "मैं एक ऋषि हूं और यहां अपने शिष्यों को तप और वैराग्य की शिक्षा दे रहा हूं। आप राजा हैं, आपके पास ख़ूब धन होगा, पर मेरे पास आपसे भी बड़ा एक धन है – संतोष का धन। इस समय जब आप मुझसे बात कर रहे हैं तो आपने मेरा एक और धन रोक लिया है। जो सूरज की किरणें मेरे ऊपर आ रही हैं, आपने उनको भी रोक दिया है। कृपा करके थोड़ा हट जाइए। इस प्रकृति से मुझे जो मिला है, उस दौलत को तो आने दीजिए।"

राजा मुनि का इशारा समझते हुए यह बात सीखकर कि 'संतोष भी धन है', लौट गया। आज हमें भी यह बात समझना पड़ेगी कि संतोष रखिए, हड़बड़ाहट नहीं करें, अतिरिक्त संग्रहण नहीं करें, जमाखोरी नहीं करें। सबको

अपने हिस्से का मिलने दीजिए। आपके भाग्य का आपको मिलकर रहेगा। बस, यही संतोष इन दिनों कोरोना के इस दौर में हमें अपने घरों में परेशानी से बचाएगा, अशांति से बचाएगा।

मार्मिक दृश्य

पुलिस महकमे ने दी मानवता की मिसाल

हर शहर में, गांव में पहरेदारी और क़ानून व्यवस्था के अलावा पुलिस कई मानवता के कार्य कर रही है। पुलिस ज़रूरत पड़ने पर ड्यूटी के अलावा मानवता की मिसाल भी पेश कर रही है। निर्धन और ज़रूरतमंद मरीज को समय पर दवाई उपलब्ध करवा रही है। कई कहानियां हैं कोरोना काल की जहां पुलिस कभी अन्न की पूर्ति करती नज़र आई है, तो कभी ज़रूरतमंद को यथासंभव मदद करती नज़र आई है। इस दौर में पुलिस और डॉक्टर की ड्यूटी ऐसी है जहां जीवन का रिस्क सौ प्रतिशत है और कई पुलिस के जवानों ने और डॉक्टर्स ने अपनी जान गंवाई भी है।

2

सोशल डिस्टेंसिंग व मास्क : उपचार और हथियार दोनों हैं

प्रधानमंत्री के सात वचन यानी व्यावहारिक सप्तपदी में दूसरा वचन था लॉक-डाउन और सोशल डिस्टेंसिंग की लक्ष्मण रेखा का पूरी तरह पालन करें, घर में रहें, घर के बने हुए फ़ेसकवर या मास्क अनिवार्य रूप से उपयोग करें।

वैदिक सप्तपदी का दूसरा मंत्र है :

बल वृद्धि की साक्षी –

ओ३म् जीवात्मा परमात्मा च, पृथ्वी आकाशमेव च।
सूर्यचन्द्रद्वयोर्मध्ये, तस्य साक्षी प्रदीयताम्।। 2 ।।

दूसरा चरण –

ओ३म् ऊर्जे द्विपदी भव सा मामनुव्रता भव।
विष्णुस्त्वानयतु पुत्रान् विन्दावहै, बहूँस्ते सन्तु जरदष्टयः।।

पुरुष कहता है अब मेरा बल तेरी रक्षा, तेरी संतुष्टि में अर्पित है। स्त्री अपने बल से अपने परिवार को एक बनाए रखेगी, पालन-पोषण करेगी।

हम लोकतंत्र में रहते हैं। लोकतंत्र का बल है सत्ता पक्ष ईमानदारी से काम करे और विपक्ष पैनी नज़र रखे। दोनों ही भ्रष्टाचार से मुक्त हों तब ही बलशाली कहलाएंगे। यहां राजनैतिक परिदृश्य आ जाता है।

इस पुस्तक के बनने तक प्रधानमंत्री नरेंद्र मोदी ने चार बार हिंदुस्तान की जनता को संबोधित किया।

प्रधानमंत्री श्री नरेंद्र मोदी का पहला उद्बोधन, 19 मार्च 2020

कोरोना के इस काल ने हमारी जीवन शैली की सभी व्यवस्थाओं को प्रभावित किया। सामाजिक, राजनैतिक, आर्थिक सब ओर इसका असर देखने में आने लगा। भारत में जब एक आम इंसान की ज़िंदगी तक कोरोना ने दस्तक दी तब हमारे प्रधानमंत्री ने आ कर टेलीविज़न की स्क्रीन पर भारत की जनता को संबोधित किया। 19 मार्च 2020 के दिन भारत के नागरिकों को यह बताया गया कि अगर इस पर क़ाबू नहीं पाया गया तो ये विकराल रूप ले सकती है। जनता से अपील की कि इस महामारी की कड़ी को तोड़ने का जो एकमात्र साधन है वो है सामाजिक दूरी यानी सोशल डिस्टेंसिंग, क्योंकि ये रोग किसी के संपर्क में आने से फैलता है। प्रधानमंत्री जी के उद्बोधन में नए शब्दों का इस्तेमाल किया गया, जैसे जनता कफ़र्यू, सोशल डिस्टेंसिंग और लॉक-डाउन।

सोशल डिस्टेंसिंग – कहीं भी समूह के रूप में उपस्थित ना होना, स्कूल, कॉलेज, शॉपिंग-मॉल, बाज़ार, ऑफ़िस, कोई भी सामाजिक कार्यक्रम ना करना। यहां तक कि एक दूसरे के घर भी नहीं जाना। मिलना-जुलना कुछ समय के लिए बिलकुल बंद कर दिया जाए। मनुष्य को एक सामाजिक प्राणी कहा जाता है। लिखा भी गया है कि मनुष्य अकेला जी नहीं सकता। इस दौर में उसे दूसरों से सामाजिक दूरी बना कर रखने की हिदायत दी गई, लेकिन और समझाया गया कि अकेला नहीं रहेगा तो जी नहीं पाएगा।

जनता कफ़र्यू : प्रधानमंत्री ने अपील की कि आने वाले रविवार को सुबह 7 से रात 9 बजे तक सभी अपने घर में ही रहें। यह जनता के लिए, जनता के द्वारा लगाया गया जनता कफ़र्यू होगा। कोरोना के ख़िलाफ़ सफल लड़ाई के लिए कुछ वक्त की मांग करते हुए प्रधानमंत्री ने यह संदेश दिया कि आने वाले

कुछ दिनों तक संयम और संकल्प के साथ काम करना होगा। क्योंकि भारत अभी भी कोरोना के हानिकारक प्रभाव से अभी तक दूर था, लेकिन संक्रमण के ख़तरे को देखते हुए मोदी जी का ये क़दम जनता ने स्वीकार किया।

22 मार्च 2020 का दिन तय किया गया जनता कर्फ़्यू के लिए। सभी लोग घर में रहे और बिना किसी बहुत बड़ी प्रशासनिक मदद के लोगों ने इस जनता कर्फ़्यू को मानने में समझदारी दिखाई। इस दौरान डॉक्टर, मीडिया, अस्पतालों व एयरपोर्ट पर काम करने वाले अन्य लोगों को ही छूट दी गई। इस संबोधन में प्रधानमंत्री ने आग्रह किया कि इस दौरान रूटीन चेकअप, कोई ऐसा ऑपरेशन जिसे टाला जा सकता हो, उससे भी बचें। प्रधानमंत्री ने डॉक्टरों, मीडिया, होम डिलीवरी करने वाले कर्मियों आदि के कार्यों की प्रशंसा करते हुए कहा कि जनता कर्फ़्यू के दौरान भी शाम पांच बजे पांच मिनट के लिए घर की बालकनी से ताली या थाली बजाकर ऐसे लोगों को धन्यवाद दें।

मोदी जी को शायद एक दिन के जनता कर्फ़्यू से यह अनुमान लगा कर देखना था कि सामाजिक दूरी को जनता कैसे स्वीकार करती है। उन्होंने अपने भाषण में यह भी कहा कि यह कर्फ़्यू तय करेगा कि हम कोरोना वायरस से लड़ाई के लिए कितने तैयार हैं। जनता ने दिन भर नियमानुसार कर्फ़्यू निभाया, लेकिन पांच बजे थाली बजने में ऐसा जोश दिखाया कि जैसे कोरोना थाली बजाने से ही भाग जाएगा। नियमों का उल्लंघन कर सामूहिक रूप से लोग इकट्ठे हो गए। इस महामारी से अनभिज्ञता उन्हें एक नए अंधेरे की तरफ़ धकेल रही थी।

19 मार्च को पहले उद्बोधन के बाद स्थितियां नियंत्रण में रहीं भी और नहीं भी। भारत एक ऐसा देश है जहां लाखों लोग मजदूरी से, दिहाड़ी से पेट भरते हैं और समस्या उनके सामने आ कर खड़ी हुई। सैकड़ों लोग लॉक-डाउन की वजह से पैदल एक शहर से अपने मूल निवास की तरफ़ चल दिए। वहां ना जनता कर्फ़्यू ने काम किया ना सोशल डिस्टेंसिंग ने। ये दोनों शब्द सिर्फ़ पढ़े-लिखे लोगों तक सीमित हो कर रह गए।

नज़र आने लगा था आर्थिक संकट : इस वक़्त तक कोरोना का प्रभाव विकसित देशों में नज़र आने लगा था, हज़ारों की संख्या में लोग मरने लगे थे और व्यापार-कारोबार पर भी इसका प्रभाव नज़र आने लगा था। सरकार ने अपील की कि सभी वर्गों को अपनी-अपनी भागीदारी निभानी पड़ेगी।

व्यापारी व उच्च वर्ग से आग्रह किया कि अपने कर्मचारियों का ध्यान रखें और वेतन नहीं काटें तथा पूरी मानवीय संवेदनशीलता के साथ फ़ैसला करें।

प्रधानमंत्री श्री नरेंद्र मोदी का दूसरा उद्बोधन, 24 मार्च 2020

कोरोना महामारी के चलते प्रधानमंत्री ने टेलीविज़न के माध्यम से एक बार फिर जनता को संबोधित किया और 21 दिनों के लिए पूर्ण रूप से लॉक-डाउन की घोषणा की। जनता कर्फ़्यू के बाद लॉक-डाउन भी एक नया शब्द और परिस्थिति थी लोगों के सामने। और एक बार फिर सोशल डिस्टेंसिंग के मायने समझाए।

लॉक-डाउन : प्रधानमंत्री जी ने लोगों से अपील करते हुए कहा कि जो जहां हैं, वहीं रहें। यह लॉक-डाउन आपके भविष्य के लिए बेहद ज़रूरी है। प्रधानमंत्री ने लोगों से किसी भी क़ीमत पर घर के बाहर नहीं निकलने की सलाह दी है। अपने संबोधन के दौरान उन्होंने कहा कि 22 मार्च को जनता कर्फ़्यू का संकल्प जो हमने लिया था उसकी सिद्धि के लिए भारत के लोगों ने योगदान दिया।

सोशल डिस्टेंसिंग हमें 21 बरस पीछे जाने से रोक सकती है : जनता को संबोधित करते हुए मोदी जी ने कहा कि अथक मेडिकल प्रयासों के बावजूद भारत के लिए कोरोना एक चुनौती बनकर सामने आ रहा है। सभी देशों के दो महीने के अध्ययन से ये निष्कर्ष निकल रहा है कि इस वैश्विक महामारी से लड़ने का एकमात्र विकल्प है – सोशल डिस्टेंसिंग यानी एक दूसरे से दूर रहना। यह दिन इतिहास के पन्नों पर दर्ज होगा, क्योंकि इस दिन संपूर्ण भारत में लॉक-डाउन घोषित हो गया था। हर जिले हर गांव को लॉक-डाउन कर दिया गया, यह कर्फ़्यू ही था एक तरह का। जनता कर्फ़्यू से कठोर, समय की ज़रूरत के अनुसार बहुत आवश्यक क़दम। मोदी जी की घोषणा मेडिकल एक्सपट्र्स की राय को ध्यान में रखकर ही की थी और 21 दिन लॉक-डाउन कर दिया गया। इस उम्मीद के साथ की संक्रमण की यह चेन तोड़ने में हम कामयाब होंगे। क्योंकि 21 दिन हम नहीं संभले तो तो देश 21 साल पीछे चला जाएगा।

बदल गई लोगों की जीवन शैली : वक़्त परिवार के साथ गुज़रने लगा और देशवासी ख़बरें देखते रहे कभी टीवी पर कभी मोबाइल पर या संदेश भेजते रहे, पढ़ते रहे और कुछ तारीख़ों में उलझते रहे। जब-जब सरकार ने कहा अब लॉक-डाउन खुलेगा उस तारीख़ को पकड़कर बैठ गए। 20 अप्रैल और 3 मई 2020 ऐसी ही तिथियां थीं, जिन पर लोग टिके हुए थे। 3 मई इसलिए कि मोदी जी के अगले उद्बोधन में लॉक-डाउन की तारीख़ बढ़ाकर 3 मई कर दी गई। उस उद्बोधन का जिक्र करने से पहले उस जीवन शैली पर नज़र डालनी ज़रूरी है जिसे हम जीते आ रहे थे और इन दिनों में जीवन और आगे भी जीना था।

कोरोना के पहले हमारी जीवनशैली, कोरोना के दौरान और कोरोना से लड़ते हुए विजयी होने के लिए कैसी होनी चाहिए? कोरोना आने के पहले हम लोग शतरंज की तरह अपनी ज़िंदगी की बिसात पर चाल चला करते थे। शह और मात का खेल घर और बाहर दोनों जगह खेला जा रहा है। हर आदमी विजय की तलाश में था।

फिर जब कोरोना आया तो यही खेल सांप-सीढ़ी में बदल गया। कौन सी सीढ़ी चढ़कर सांप का मुंह आ जाए फिर नीचे गिरना पड़े। कब-कौन सा क्षेत्र हॉट-स्पॉट बन जाए, किसको किससे कोरोना हो जाए। एक अजीब सा खेल चलने लगा था, लेकिन सांप-सीढ़ी के इस खेल को लूडो के खेल में बदला जाना चाहिए।

आपने देखा होगा कभी-कभी ये दोनों खेल एक ही पैकेट में होते हैं। लूडो में सबकुछ व्यवस्थित होता है। इसे ही सोशल डिस्टेंसिंग कहेंगे।

जीवन में मास्क की अनिवार्यता : सोशल डिस्टेंसिंग और लॉक-डाउन के नियम मानते हुए, मास्क पहनना भी अनिवार्य किया मोदी जी ने। ना पहनने पर जुर्माने की सज़ा भी मुक़र्रर की। ये तीनों अब हमारी जीवनशैली में लंबे चलेंगे। यह नहीं समझिए कि ये तात्कालिक हैं और अस्थाई हैं। अगर हम ऐसा समझ रहे हैं तो कोरोना को खुला आमंत्रण दे रहे हैं। मोदी जी ने अपील की कि लोग घर में बने मास्क का उपयोग करें।

ग्रंथ परिचय – 'महाभारत'

'महाभारत' हिंदुओं का एक प्रमुख काव्य ग्रंथ है। यह काव्यग्रंथ भारत का अनुपम धार्मिक, पौराणिक, ऐतिहासिक और दार्शनिक ग्रंथ है। 'महाभारत' की रचना वेदव्यास जी ने की। वर्तमान दौर का जब हम आध्यात्मिक विश्लेषण करते हैं तो यहां 'महाभारत' की बातें याद आती हैं। 'महाभारत' एक ऐसा ग्रंथ, जिसमें एक लाख श्लोक हैं। जिसके बारे में दावा किया जाता है जो कुछ भी 'महाभारत' में हैं वो सब दुनिया में है। यदि इसमें नहीं है तो फिर कहीं भी नहीं। आर्य संस्कृति का यह महान ग्रंथ, जिसके वैसे तो नायक पाण्डव और खलनायक कौरव हैं, लेकिन इसके महानायक श्रीकृष्ण ही हैं।

1. मोदी राजनेता से राष्ट्र नेता होने तक

समाज का एक वर्ग जो नियम-कायदे मान कर प्रधानमंत्री नरेंद्र मोदी के बताए रास्ते पर चल रहा था। वहीं एक वर्ग जो मज़दूर वर्ग है। अपने घर परिवार से दूर, मज़दूरी किसी दूसरे शहर में कर रहा था। लॉक-डाउन की वजह से, यातायात के सभी साधन बंद हो जाने से वो सबसे अधिक परेशानी में आ गया। रहने को छत नहीं और खाने को अनाज नहीं, परिवार से दूरी से दुःख के दिन बड़े बोझिल हो गए उनके लिए।

इधर दुनियाभर में संक्रमितों और मौत का आंकड़ा बढ़ता चला जा रहा था। ऐसे में भारत में प्रधानमंत्री मोदी प्रयोग कर रहे थे। जब उन्होंने लॉक-डाउन में थाली-ताली बजवाई तब हज़ारों भूखे प्रवासी मजदूर गांव निकल चुके थे। यह विरोधाभास देश के सामने आ रहा था।

तीसरा उद्बोधन, 3 अप्रैल 2020

कोरोना वैश्विक महामारी से चिंतित प्रधानमंत्री का तीसरा संबोधन देश वासियों के नाम था। सुबह नौ बजे प्रधानमंत्री मोदी ने एक संक्षिप्त वीडियो संदेश जारी किया, जिसमें एक बार फिर सभी देशवासियों से कोरोना के ख़िलाफ़ एकजुट होने की अपील की। उन्होंने कहा कि पांच अप्रैल को रात

को नौ बजे नौ मिनट के लिए सभी अपने-अपने घर की बालकनी और छत पर दीप या मोमबत्ती जलाकर या फिर अपने मोबाइल की टॉर्च जलाकर रोशनी करेंगे।

साथ ही यह भी कहा कि ताली और थाली बजने के समय जो समूह एकत्रित हुए थे, जो भीड़ हुई थी, उस बात का ध्यान रखे। ये सिर्फ़ अपने-अपने घरों में करना है। वीडियो संदेश में पीएम ने जो कहा जनता ने किया भी। प्रधानमंत्री का आह्वान कोरोना संकट के अंधकार को चुनौती देना रहा। इस महामारी को प्रकाश की ताक़त का परिचय कराना था। सभी भारत वासियों ने घर की सभी लाइटें बंद करके, घर के दरवाज़े पर या बालकनी में खड़े रहकर 9 मिनट के लिए मोमबत्ती, दीया, टॉर्च या मोबाइल की फ़्लैश लाइट से रोशनी की। सोशल मीडिया पर कई तसवीरें ऐसी भी देखने को मिलीं जो लोग फुटपाथ पा तंबू में रह रहे हैं, उन्होंने भी मोमबत्ती लगा कर मोदी जी की इस बात का मान रखा। राजनीतिक कटाक्ष करने वाले यह भी कहने लगे कि जो लोग टेलीविज़न, अख़बार की दुनिया से दूर हैं उनके पास मोमबत्तियां आईं कहां से? कुछ अटकलें ये भी लगीं कि भारतीय जनता पार्टी का स्थापना दिवस है इसी दिन, जो रोशनी कर के मना लिया गया। कुछ लोगों ने आदत अनुसार नियमों का उल्लंघन कर पटाखे भी छोड़े। कुछ आध्यात्मिक जनों ने सामूहिक प्रार्थना की और इस दिन रोशनी के साथ महामारी के शांत होने की प्रार्थना की।

मोदी के प्रशंसक और आलोचक हमेशा कहते हैं कि उनके पास एक ब्रेन डिटेक्टर है, जिससे वे जान जाते हैं कि सामने वाले के दिमाग़ में क्या चल रहा है। फिर वो नेता हो या जनता, वे उन्हें पढ़ना जानते हैं। मज़ाक में ही सही पर उनके आलोचक कहते हैं – 'मोदी के दिमाग़ में क्या चल रहा है यह जानने के लिए भगवान से ही मिलना पड़ेगा'।

जब उन्होंने प्रवासी मजदूरों के प्रसंग पर और अन्य व्यवस्थाओं को लेकर देश से माफ़ी मांगी तो लोगों को समझ नहीं आया कि इन्हें माफ़ करें या खुद को क्षमा करें। इनकी माफ़ी की मांग में इतनी गर्मी है कि अच्छे-अच्छे के तेवरों की बर्फ़ पिघल जाती है।

लेकिन इस पूरे घटनाक्रम में मोदी सावधान रहे। वे अपनी जननेता की छवि को ओवर एक्सपोजर से बचाकर भी चल रहे थे।

वे देश में आई विषम परिस्थितियों पर चिंतित थे तभी इन दिनों चार बार जनता को संबोधित किया। वाणी और शब्दों का वज़न कम नहीं होने दिया। उनके चारों संबोधनों में संदेश, विषय, शब्द चाहे जो रहे हों, पर उनमें उनकी नीयत का वज़न था और वो नीयत थी देशवासियों को कोरोना से बचाना।

मोदी के भीतर जो एक परिपक्व संदेश वाहक है वो उतना ही प्रयोगधर्मी भी है। इसीलिए अपने संबोधनों में वे आम भारतीयों को बहुत अच्छे से पकड़ लेते हैं। हर पंक्ति बोलते समय जनता, आमजन और मतदाता का भेद बड़ी बुद्धिमानी से बचाए रखते हैं।

किसको–कब अनदेखी में डालना है, इसके तो वे उस्ताद हैं। ये सारे प्रयोग उन चार संबोधनों में दिखते रहे हैं। हर बार अपने संबोधनों में वे जनता से कुछ न कुछ मांगते हैं और जनता को ज़िम्मेदारी का अहसास करा देते हैं। सुनने वालों को यही लगता है देश हमें मौक़ा दे रहा है, प्रधानमंत्री के माध्यम से। सचमुच इसी में सब जुट जाते हैं।

उनकी भाषा में जनता कर्फ़्यू से हॉटस्पॉट तक विनम्र आक्रामकता के प्रयोग थे। इसीलिए वे राजनेता से राष्ट्रनेता बनते गए।

जब लोगों ने मोदी की दीये जलाने वाली बात पर विपरीत टिप्पणी भी की तो थोड़े दिन बाद दुनिया ने देखा कई देशों ने अपनी ऐतिहासिक-चर्चित इमारतों पर स्लोगन लिखे : 'स्टे होम, बी-स्ट्रॉन्ग, वीआर टुगेदर' और रोशनियों से सजाया।

इंसान के चेहरे की चमक भले ही चली गई हो, पर इमारत तो रोशन की जा सकती है। यह संदेश पूरी दुनिया ने ले लिया।

ताली और थाली एक क्रिया नहीं थी, उत्साह के संचार की घटना थी। फिर उन्होंने सप्तपदी देकर देशवासियों को एक लंबी यात्रा के लिए तैयार कर दिया। कोरोना भले ही हार नहीं रहा हो, पर मोदी जीत रहे थे, जीत रहे हैं।

'महाभारत' से सीख

वैसे तो देश ने एक ही लॉक-डाउन देखा, लेकिन दो बार अवधि में बंटे होने के कारण लोग इसे 'लॉक-डाउन 1' और

'लॉक-डाउन 2' कहने लगे। पहला लॉक-डाउन रामजी के त्रेता युग की तरह था। जहाँ रामजी को अपने शत्रु रावण को देखने में सुविधा थी, क्योंकि वह एक था और दूर था।

दूसरा लॉक-डाउन कृष्ण जी के द्वापर युग की तरह था। इसमें शत्रु अपने थे, रिश्तेदारी में अपने थे। अगर हम कौरवों को कोरोना से जोड़ लें तो दूसरे लॉक-डाउन की अवधि में कोरोना ऐसे ही हमारे जीवन में प्रवेश कर गया था। अपनों से अपनापन निभाने में दूरी रखना ज़रूरी थी, क्योंकि कब-किसको कोरोना लग जाए। एक ही परिवार के सदस्य लगातार बीमार होते दिखे।

महाभारत के युद्ध की सारी संरचना श्रीकृष्ण ने तैयार की थी। कौन-सी धरती होगी, कौन-सा मुहूर्त होगा और क्या नियम रहेंगे। लॉक-डाउन और सोशल डिस्टेंसिंग की सख़्ती तथा व्यवस्था को हम महाभारत की व्यूह रचना से समझ सकते हैं, जिसे श्रीकृष्ण ने तैयार किया था।

कुरुक्षेत्र में महाभारत के युद्ध के दौरान सारे योद्धा रात को अपने-अपने शिविर में चले जाते थे, क्योंकि सब रिश्तेदार थे। यह दूरी सोशल डिस्टेंसिंग जैसी थी कि अपने-अपने शिविर में रहो। दिन में जब युद्ध होता तो व्यूह रचना की जाती। पैदल-पैदल के साथ लड़ेगा, रथी-रथ वाले के साथ ही युद्ध करेगा। युद्ध के सारे कृत्य चलते थे, पर एक निश्चित दूरी और नियम के साथ।

उसी व्यूह रचना का अब हमें सख़्ती से पालन करना है। लॉक-डाउन भले ही ख़त्म हो जाए, पर सोशल डिस्टेंसिंग श्रीकृष्ण की संरचना तरह जीवन में उतारनी पड़ेगी और इसका सख़्ती से पालन भी करना होगा।

श्रीराम उदार थे और श्रीकृष्ण नियम के मामले में बहुत ही सख़्त थे। जिस सख़्ती से कृष्ण ने भीष्म, द्रोण और कर्ण का वध कराया था आज हमारे लिए यह तीनों पात्र प्रतीक रूप में कोरोना महामारी दल के सदस्य हैं। इन तीनों को मृत्यु देते हुए

कृष्ण ने कोई रियायत नहीं बरती थी, क्योंकि इनका पक्ष ग़लत था। आज हमें कोरोना के मुक़ाबले में अपने आप के प्रति, अपने आसपास जो लोग हैं उनके प्रति और जो भी व्यवस्था आपके पास है उसके प्रति बहुत ही सख़्त होना पड़ेगा। 'महाभारत' के कृष्ण हमें अपनी व्यूह रचना से यही सिखा रहे हैं।

2. हमें नई जीवनशैली अपनानी ही होगी

वैश्विक महामारी का ये दौर पूरी दुनिया के लिए कठिनतम समय है। जहां एक ओर हज़ारों लाखों की संख्या में लोग इस महामारी से पीड़ित हो कर मर रहे हैं, हिंदुस्तान में आज भी कोरोना के नाम पर चुटकुलों का रेला निकल पड़ा है। सोशल मीडिया एक ऐसा माध्यम बना हुआ है जहां हर व्यक्ति अपने हिसाब से कुछ भी लिखता है। सब लोग फुरसत में हैं।

आजकल संसार की एक चौथाई आबादी एक ही जीवनशैली जी रही है लॉक-डाउन और सोशल डिस्टेंसिंग की। सरकारी विभाग के कर्मचारी खुश हैं, बिना काम किए उनके लिए छुट्टियों का अवसर है, लेकिन मझोले व्यापारी, छोटे-छोटे व्यापारियों के साथ कुछ बड़ी कंपनियों का अस्तित्व भी ख़तरे है। कितने दिन तक नियोक्ता अपने कर्मचारियों को घर बैठे सैलेरी दे सकता है। यह चिंता का विषय बन गया है।

हालांकि ज़्यादातर काम ऑनलाइन होने से वर्क फ्रॉम होम का ऑप्शन है, लेकिन आख़िर कब तक ये कर पाएंगे सब। पूरी दुनिया इस समय एक ही जैसे हालात से गुज़र रह है। इकोनॉमी का चक्र चलना बंद हो जाएगा। निम्न दर्जे के पास पैसे नहीं होंगे और जिनके पास पैसे होंगे, लेकिन दुकानों पर सामान नहीं मिलेगा खाने के लिए। ये विचार नकारात्मक नहीं है, एक दृष्टि हैं जो आगे परिस्थितियों को सोच रही है।

लेकिन इस दौर में अपनी सेहत का ध्यान रखिए, क्योंकि अब आत्म-अनुशासन का समय है। परिवर्तन इसलिए आएगा कि 19वीं सदी के अंत में दुनिया में मरने वाले हर सात व्यक्तियों में से एक की मौत टीबी से होती थी, लेकिन इस काल में मौत का यह नया नजारा देखने को मिला

है। हो सकता है अब आपको अपनी मेकअप किट, अपनी पर्सनल किट में हाइज़ीन किट भी शामिल करना पड़ेगा, क्योंकि जिस वायरस से हमें लड़ना है उसकी ख़ासियत है तेज़ी से फैलना।

सार्वजनिक स्थानों पर छींकना-खांसना गाली देने जैसा हो जाएगा। जिन लोगों का रुमाल यदा-कदा अपनी जेब से निकला करता हो, हो सकता है अब वो कभी-कभी जेब में जाएगा। इन सबका इस्तेमाल करना सीख जाइए।

लंबे समय तक इस बात की तैयारी रखिए कि स्वयं को और दूसरों को उत्साहित रखेंगे, क्योंकि संक्रमण का भय, उदासी हावी होने की कोशिश करेंगे। खुद भी खुशी से जिएं और अपना सकारात्मक असर दूसरों में प्रसारित-प्रचारित करने का अभियान बना लें।

हार्वर्ड के एक सर्वे के अनुसार उन लोगों को पार्किन्सन, अलजाईमर्स और हृदय रोगों से बचने की संभावना बढ़ जाती है जो अपने माता-पिता, भाई-बहन, जीवनसाथी-संतानों और मित्रों के बीच अधिक समय बिताते हैं। यह बात सुनने में सामान्य लगती है पर अब लंबे समय तक लाभकारी है।

ऐसा पहली बार हुआ है कि मंदिरों के पट भी बंद हैं। प्रकृति और ईश्वर दोनों ही अनकही मार दे रहे हैं इंसान को, जो हमें अब भी समय रहते समझनी है। पाप का बोझ जो हर क्षेत्र में बढ़ा हुआ है, उसे बैलेंस करने के लिए ऐसा हो रहा है।

यह वायरस जिस तरह और जितनी तेज़ी से दुनिया में फैला है और इसके जो नतीजे सामने आ रहे हैं वो निश्चित तौर पर विज्ञान से परे पराविज्ञान की बात है। सरकार, विज्ञान मेडिकल साइंस सब अपनी-अपनी जगह अपना कार्य कर रहे हैं, लेकिन ये अपील हर इंसान से है कि विचारों में क्रियाओं में जीवन में सकारात्मकता अपना कर, सरकारी नियमों का पालन कर और प्रार्थना कर हम इस बड़ी विपत्ति को दूर कर सकते हैं।

हम दिनचर्या का एक कैलेंडर बनाते हैं; पहले वो 90 प्रतिशत पूरा हो जाता था, पर याद रखिए अब नहीं होगा। कभी भी, कुछ भी हो सकता है। इसलिए निराश और उदास बिलकुल नहीं हों। ये हेल्थ इमरजेंसी का दौर है, इसमें नज़रिया और तरीक़ा बदलना होगा। हो सकता है आने वाले वक्त में लंबे समय एक दिन भी कई दिनों जैसा लग सकता है।

इस वक़्त ने हमें ये सोचने पर मज़बूर किया है कि क्या था हम जिसके पीछे भाग रहे थे इतनी तेज़ी से। क्या था जिसे हम ट्रेज़र हंट की तरह ढूंढ़ रहे थे, और इन सबमें हमने खो दिया वो सुकून वो सुख, अपनों के साथ के पल। यह मौक़ा मिला है सुधर जाने का। यकीन मानिए! हो सकता है यह दौर इसीलिए आया है, ज़िंदगी पहले की तरह सादगी से जीना चाहती है।

पिछले दिनों लॉक-डाउन के दौरान आपने जो सबक़ लिए, वो हमें याद रखने हैं। महामारी का असर जब वो फैलती है तब तो रहता ही है, लेकिन आने वाले वक्त में नए-नए रूप में प्रकट भी होता है। कुछ लोगों के लिए अच्छा भी हो सकता है।

अपनी आदतें, अपने तरीक़े बदल लीजिए। स्वच्छता स्थाई जीवनशैली हो जाएगी। ताज़ा हवा, प्रकाश और सोशल डिस्टेंसिंग बीमारी से लड़ने में मदद करेंगे। परोपकार के सिद्धांत नए रूप में सामने आएंगे। दान का सही रूप आप समझने लगेंगे। एकजुटता का अर्थ समझ में आ जाएगा।

प्रधानमंत्री का चौथा उद्बोधन, 14 अप्रैल 2020

जीवनशैली में बदलाव की ज़रूरत है अब : ये चौथा मौक़ा था जब प्रधानमंत्री नरेंद्र मोदी ने देश को संबोधित किया। एक वीडियो के माध्यम से अपनी बात टेलीविज़न के मार्फ़त भारत की जनता तक पहुंचाई और भारत में 3 मई तक लॉक-डाउन जारी रखने का ऐलान किया है।

जनता को आश्वस्त किया कि 20 अप्रैल तक हर राज्य को बड़ी बारीकी से परखा जाएगा; अगर पॉज़िटिव केस की संख्या में कमी आती है तो वहां 20 अप्रैल से छूट दी जा सकती है। लेकिन स्थितियां सुधारने के लिए लॉक-डाउन का नियम सख़्ती से 3 मई तक पालन करना पड़ेगा। साथ ही उन्होंने जनता को यह विश्वास दिलाया कि राशन और दवाई की कोई कमी नहीं है देश में। इसी दौरान टेलीविज़न के माध्यम से ही पता भी चला कि इस अभिभाषण के बाद सैकड़ों मजदूर मुंबई की सड़कों पर आ गए एक साथ। पटना से जारी एक वीडियो में लेबर क्लास परेशान दिख रही थी कि खाने-पीने के लिए नहीं है, कमाई बंद है और सेठ पैसे नहीं दे रहे।

प्रधानमंत्री जी ने लोगों को हिदायतें दी की क्या करें क्या नहीं करें। दिनचर्या और जीवनशैली पर चर्चा करते हुए उन्होंने कहा कि जिन्हें पुरानी

बीमारी है उनका ख़ास ख़्याल रखना होगा, मास्क पहनना बहुत ज़रूरी है। उसके महत्त्व को समझें और सामाजिक दूरी बनाए रखें।

मोदी जी ने ये भी कहा कि किसी को नौकरी से ना निकाला जाए, लेकिन प्रैक्टिकल रूप से यह असंभव कार्य है एक बिज़नेस मैन के लिए। ख़ास तौर से उस वर्ग के लिए, जिसने अभी ही बिज़नेस शुरू किया है और उस वर्ग के लिए जो परिस्थितियों को समझता है, जो पढ़ा-लिखा संभ्रांत समूह है। ये वर्ग जो इंटरप्रेन्योर का है, जिसमें स्माल स्केल की इंडस्ट्रीज हैं और ऑफ़िसेस हैं, जो पांच कर्मचारियों से शुरू हो कर पांच सौ कर्मचारियों को रोज़गार दिए हुए हैं। लेकिन आर्थिक दृष्टि से उतने समर्थ नहीं हैं कि बिना काम का संचालन हुए उन्हें घर बैठे सैलेरी दे सकें और ऐसा भी नहीं है कि वो उनसे मुंह मोड़ लें। उनकी टीम उनके परिवार का हिस्सा है, लेकिन अर्थव्यवस्था के कारण ये परिवार ये टीम आज टेंशन का बहुत बड़ा कारण बन गए हैं।

प्रधानमंत्री ने कहा कि कोरोना की जंग में सात वचन में, 'मैं जनता का साथ चाहता हूं'। वो बातें सप्तपदी शब्द रूप में इंटरनेट की दुनिया में ट्रेंडिंग में आ गईं।

कोरोना से लंबी लड़ाई लड़ना हो तो कुछ बातें जीवन से यूं जुड़ेंगी जैसे मास्क लगाना फ़ैशन हो जाएगा। कुछ बातें तो जीवन में नियमित करनी ही पड़ेंगी। जैसे जांच के लिए तत्पर रहना है। एक-दूसरे से सोशल डिस्टेंसिंग रखना है। भीड़ वाले इलाक़े में खुद को रोक कर चलना है।

बुजुर्गों को सेल्फ़ क्वारंटीन करना सीखना पड़ेगा। हॉट-स्पॉट वाले क्षेत्र में जाने से बचें और जाना पड़े तो सतर्कता बरतें। अपने स्वास्थ्य तंत्र को इतना मजबूत करें कि आप स्वस्थ रहें और दूसरों को भी बचा सकें, इसके लिए योग करिए। कामकाजी लोगों की दुनिया बदल जाएगी। कार्यस्थल का रूप-रंग बदल जाएगा, यात्रा करने का तरीक़ा बिलकुल नया होगा। कैटरिंग उद्योग वालों को तो बहुत सावधानी रखना होगी। क्वारंटीन को दबाव नहीं मानें, अवसर आए तो अपने आपको ज़रूर एकांत में ले जाएं। प्रकृति इस दौरान अपने तालों से बाहर आई है, इससे जुड़ जाइए।

यात्रा के दौरान कहीं चैकिंग हो रही हो, तो करवाने के आदी हो जाएं। अभी हम जब कहीं चैकिंग होती है तो थोड़े बैचेन हो जाते हैं, इस व्यवहार

को बदलना पड़ेगा। मास्क पहनना और सोशल डिस्टेंसिंग रखना आदत बनानी होगी। भीड़ के प्रति उपेक्षा का भाव होना चाहिए। अगर भारत की जनता ने आने वाले समय में सावधानी नहीं रखी तो बायोमीट्रिक सर्विलांस से गुज़रना पड़ेगा और आपकी निजता पर असर पड़ेगा।

जीवनशैली इसलिए भी बदलें, क्योंकि कुछ स्थाई नादान या कहें दुश्मन हमारे बीच होंगे ही। सरकारी व्यवस्था में अविश्वास होने के कारण ही तो प्रवासी मजदूरों ने अपने गांव का रुख़ किया। अशिक्षा के कारण वो स्वच्छता को समझ नहीं पाए।

बीमारी के लक्षण छुपाए जाते हैं और कुछ दुश्मन ऐसे होंगे जो अभी भी सरेआम पार्टी करेंगे, भीड़ करेंगे, बिना मास्क के घूमेंगे। धार्मिक स्थल, इबादत की जगहों पर छुप-छुपकर भीड़ बनाएंगे। ये समाज से बहुत बड़ी दुश्मनी होगी। इनसे बचना भी एक टास्क हो जाएगा।

'महाभारत' की सीख

आने वाले समय में हमें जब कोरोना से एक युद्ध लड़ना है, तो हमारे लिए 'महाभारत' से कुछ शिक्षा लेने का समय होगा। 'महाभारत' के महानायक श्रीकृष्ण थे। कौरवों के दल में उनके सामने सात लोग थे - भीष्म, द्रोण, कर्ण, दुर्योधन, शकुनि, अश्वत्थामा और शल्य।

और हमारे ये सात दुश्मन, सात तरह की विभिन्न परिस्थितियां हैं। जैसे - हमारे सामने गंदगी, खांसने और छींकने वाले लोग, बिना मास्क पहने हुए लोग, अकारण भीड़ का झुंड, धार्मिक स्थलों पर समूह में एकत्रित होना, सोशल डिस्टेंसिंग का पालन नहीं करना और हॉट-स्पॉट पर आना-जाना।

पर हमें कृष्ण जी से सीखना है। इन्हें व्यक्ति नहीं मानें। ये कौरव पक्ष के वो लोग हैं जो कोरोना की स्थितियों के प्रतीक हैं। भीष्म वृद्ध थे, ब्रह्मचारी थे, लेकिन उनकी प्रतिज्ञा ही उनकी कमज़ोरी बन गई। वो ज़िद्दी होते गए, ग़लत लोगों का साथ देने में। श्रीकृष्ण ने उनको विद्वत्ता और चातुर्य से निपटाया था।

द्रोण मोह में डूबे हुए थे। उनको पूरी निष्ठा और ईमानदारी से समझाते हुए दण्ड दिया था। कर्ण, दुर्योधन के कुसंग में पड़ा था। कृष्ण ने कर्ण को समझाया भी था और वध भी कराया। दुर्योधन तो एक तरह से समाज का दुश्मन था। उस पर हमेशा ख़ूब दबाव बनाए रखा था कृष्ण जी ने।

शकुनि घर फोड़ू और ऐसी वृत्ति हैं, जो घर में घुसकर कोरोना को फैलाएगी। उसको, उसी की भाषा मे समझाया था कृष्ण ने। अश्वत्थामा हिंसक और क्रूर था, उसे दूरदर्शिता से पराजित किया। शल्य रिश्तेदार थे, कौरवों के आख़िरी सेनापति थे, लेकिन भ्रमित थे।

कृष्ण जी ने एक बहुत अच्छी लीडरशिप के साथ उन्हें भी पराजित किया था। आज हमारे भीतर एक कृष्ण है और कोरोना रूपी कौरवों की सेना से हमें बहुत दूरदर्शिता, समझदारी, सावधानी, पराक्रम से निपटना है।

आप नियमित और अनुशासित जीवन शैली जीएंगे तो आप स्वयं कृष्ण बनने जा रहे होंगे।

3. राजनीति तो होकर रहेगी, लेकिन भ्रष्टाचार से बचा जाए

कोरोना की आहट से पहले भारतीय राजनीति में उथल-पुथल मची हुई थी, लेकिन लॉक-डाउन के दौरान राजनीति काफ़ी हद तक स्थगित रही। जब राजनैतिक दल के कार्यकर्ता अपने-अपने नेताओं के साथ इस लंबे वनवास से लौटेंगे तो अपने पुराने स्वाद पर आएंगे ज़रूर। हमारे देश में लोकतंत्र है, राजनीति उसका बल है। इस अध्याय में हमने वैदिक सप्तपदी में बल की चर्चा की है।

दुश्मन बाहरी था, अदृश्य था इसीलिए यह भी देखने में आया कि केंद्र सरकार और राज्य सरकारों के बीच इस संकट से निपटने में एक तालमेल बना। जो महत्त्व केंद्र सरकार के पास था वो थोड़ा सरक कर राज्य सरकारों

तक भी गया। सत्ता का महत्त्व आपस में बांटकर ही इस समस्या से निपटकर हम यहां तक पहुंचे हैं। जिन राज्यों में भाजपा की सरकार नहीं थी, वहां के मुख्यमंत्रियों ने भी मोदी पर विश्वास किया।

जिस तरह से कोरोना ने एक-दूसरे को संक्रमित किया है यह तो तय है कि व्यापक समाज की समझ और जो बाज़ार की ताक़त है केवल इन दोनों बातों पर इस व्यवस्था को नहीं छोड़ा जा सकता। केरल में ज़रा ढील दी, छत्तीसगढ़ में सब्ज़ी लेते समय जिस तरह के दृश्य उत्पन्न हुए; ऐसे में एक प्रमुख एजेंसी होनी ही चाहिए जो तुरंत निर्णय ले। ऐसी संस्था अभी केंद्र सरकार ही है और उसके मुखिया मोदी पर इस मामले में तो विश्वास करना ही पड़ेगा।

सांसदों के वेतन में 30 प्रतिशत कटौती, सांसद निधि को निरस्त करना आम जनता के लिए राहत की बात होगी। हर सांसद और विधायक अपनी निधि को ही देख रहा था, जबकि अधिकांश राजनेताओं के पास जब यह पद है तो पैसा भी भरपूर है। वे चाहते तो अपनी निजी संपत्ति में से बड़ा दान दे सकते थे, पर इस मामले में हमारे राजनेता कंजूसी दिखा गए। इस बीच एक प्रस्ताव अच्छा आया कि राजनीतिक नेताओं के विज्ञापन रोके जाने चाहिए।

राजनीति तो होगी। धीरे-धीरे सारा दृश्य समझ में विपक्ष को आने लगेगा। विपक्षी नेताओं से बात करने में प्रधानमंत्री ने देरी तो की थी। संभवतः सोचा होगा कि अकेले निपट लेंगे, श्रेय बंटेगा नहीं, लेकिन फैलते हुए कोरोना ने कहा कि सहयोग का विस्तार करना पड़ेगा।

विकराल कोरोना ने एक बात राजनेताओं में अच्छी कर दी कि सरकार ने विपक्ष की सलाह ली और ढील का जो चरण 20 अप्रैल से 3 मई तक बनाना था उसमें सर्व दलों की राय को महत्त्व दिया। यह देश के भविष्य के लिए अच्छे लक्षण हैं।

अब राजनीतिक पार्टियों को एक अभियान चलाना चाहिए। अकेले भाजपा के पास 18 करोड़ सदस्य हैं। यानी प्रत्येक 7 नागरिकों पर एक भाजपा का सदस्य है। इन्हें एक सेवा प्रकोष्ठ बनाना चाहिए और राजनीतिक दलों के कार्यकर्ताओं के माध्यम से लोगों को सोशल डिस्टेंसिंग का अर्थ समझाना पड़ेगा। अगर ये कार्यकर्ता जनजागृति का ऐसा काम करते हैं तो

अपने नेताओं की जय-जयकार और वोट डालवाने के इनके सारे सामान्य कर्म, सद्कर्म में बदल जाएंगे।

अन्यथा कोरोना फैलने के पहले का दृश्य बाद में फिर चलने लगेगा। मध्य प्रदेश और राजस्थान में जब कोरोना गति पकड़ रहा था तो सत्ता संघर्ष में नेता एक-दूसरे को जकड़ रहे थे। जिस प्रदेश में उत्तर प्रदेश और बिहार के बाद सबसे बड़ा जनसमुदाय ग़रीबी रेखा के नीचे हो वहां के नेता कोरोना के पहले पांच सितारा होटलों में फ़ेस्टिव मूड में थे, क्योंकि मामला सत्ता का था। मध्य प्रदेश की सरकार में परिवर्तन और उसके बाद का यह अनुमान था कि राजस्थान अगला पड़ाव हो सकता है।

राजनीति में प्रायश्चित जैसा कुछ होता नहीं है, लेकिन फिर भी मौक़ा है हमारे नेताओं के पास कि अब जनसेवा करके कोरोना के प्रति जागृति लाने का काम ये प्रायश्चित के रूप में करें। क्योंकि इन नेताओं को यह मालूम है कि जो आप लोगों को हैंडवॉश करने का संदेश दे रहे हैं, उस समय 23 प्रतिशत लोगों के घरों में ठीक से पानी भी नहीं आता है। जिस समय ये संयम रखने की बात कर रहे हैं, वो बहुत कठिन वक़्त है।

राजनीति और भ्रष्टाचार :

अब वक़्त ऐसा आ रहा है कि राजनीति के साथ एक ख़तरा और मंडराएगा, जो धीरे-धीरे सक्रिय होने लगा है, वह है भ्रष्टाचार। केंद्र सरकार राज्य सरकारों को भरपूर धन दे रही है। यह राशि केवल नेताओं और नौकरशाहों की जेब में नहीं चली जाए।

यह राशि जो आज कोरोना पर बड़ी मात्रा में ख़र्च करनी पड़ रही है यह इस देश के करदाताओं का पैसा है। इसका उपयोग पारदर्शिता और प्रभावी ढंग से किया जाए और जो भी ज़िम्मेदार लोग हैं उनके दायित्व सख़्ती से तय किए जाएं। यह वक्त केवल योजनाओं को लागू करने का नहीं, ज़मीनी ज़रूरत को समझने का है।

कितनी पीड़ा की बात है कि जहां भारत में मनुष्यता भीतर तक आहत हो चुकी है, वहां भ्रष्टाचार भी शुरू हो गया है। उत्तर प्रदेश की एक घटना सामने आई है। मुफ़्त भोजन या पांच किलो अनाज के वितरण में एक गांव के प्रधान/मुखिया लोगों को कम भोजन दे रहे थे। क्वारंटीन सेंटर से लोगों

को घर जाने दे रहे हैं, क्योंकि अन्न बचेगा। अपने-अपने लोगों को पक्षपात करके भोजन बांटा जा रहा है।

कुछ लोग अभी भी भूखे मर रहे हैं। राजनीति कर ली जाए समझ में आता है, लेकिन जब मनुष्य इतना भयभीत हो, पीड़ित हो, ऐसे भ्रष्ट लोग तब भी उनके अन्न और उनके अधिकार को नोंचें उसमें से अपना हिस्सा निकालें इससे बड़ा पाप क्या होगा?

लेकिन इस मामले में जो स्थाई पापी हैं वो सक्रिय हो भी गए हैं। सरकार को केवल कोरोना के घटते-बढ़ते आंकड़ों पर नहीं टिकना है, बल्कि इन भ्रष्टाचारियों पर भी नज़र रखनी पड़ेगी।

अंतरराष्ट्रीय स्तर की राजनीति :

जन-जीवन पर राष्ट्रीय राजनीति का प्रभाव तो आएगा ही, पर हमें अंतरराष्ट्रीय स्तर पर भी इस समय सावधान रहना होगा। यह खुफ़िया अलर्ट है कि पाकिस्तान संदिग्ध, संक्रमितों की घुसपैठ करा सकता है। हो सकता है कि सारी दुनिया हमारी प्रशंसा करे, क्योंकि हमने काम ऐसा ही किया है, लेकिन पाकिस्तान अपनी पुरानी आदतों के कारण हमें तकलीफ़ पहुंचा सकता है।

जो महामारी चीन ने पैदा की, अमेरिका ने पसार दी, पाकिस्तान हमारे मामले में उसे घुसपैठ करके और बढ़ा सकता है। यदि इस समय पाकिस्तान भारत से शत्रुता मिटाकर इस समस्या का सामना करने के लिए पूरी मानसिकता को बदले तो उसका भी हित है। यह बात पाकिस्तान को समझनी होगी कि आगे-पीछे अमेरिका और चीन तो अपनी अर्थव्यवस्था में उबर जाएंगे, लेकिन भारत-पाकिस्तान के पास चुनौती बहुत बड़ी होगी।

कहीं ऐसा ना हो कि बीमारी से ज़्यादा लोग भुखमरी से मर जाएं।

'महाभारत' की सीख

इसमें कोई संदेह नहीं कि वर्तमान समय में सत्ताधीशों ने इस संघर्ष को बहुत अच्छे से पूरा किया और उम्मीद है आगे भी करेंगे। लेकिन सत्ता और विपक्ष का राजनीतिक स्वाद कभी-कभी

ऐसा रूप ले लेता है कि समझदार से समझदार व्यक्ति भी भटक जाता है।

'महाभारत' में पाण्डव राजा बन चुके थे। कृष्ण धर्म की संस्थापना करने के इरादे से ही इनको राजा बनाना चाहते थे। कृष्ण द्वारका चले गए और दुर्योधन इस बात से दुखी था कि जिन पाण्डवों को मैं पराजित करना चाहता हूं वो चक्रवर्ती राजा बन गए।

शकुनि ने कहा था कि जब किसी को शस्त्र से पराजित नहीं किया जा सके तो षड्‍यंत्र से हराना चाहिए। शकुनि जानता था कि युधिष्ठिर की एक बड़ी कमज़ोरी है जुआ खेलना और बातों-बातों में धर्मराज युधिष्ठिर जुआ खेल गए।

उस समय घूत राज क्रीड़ा होती थी। शकुनि ने युधिष्ठिर को आमंत्रण भेजा। राजा आमंत्रण मानकर भाइयों द्वारा मना करने के बाद भी युधिष्ठिर जुआ खेलने गए।

उन्हें यह भी जानकारी थी कि दुर्योधन की ओर से शकुनि पांसे चलेगा। जो पांसे हैं वो जरासंध की हड्डियों के बने हैं। एक तो शकुनि के हाथ में पांसे और दूसरी बात पांसे भी अलग ढंग से बने हुए हैं।

लेकिन जब मनुष्य को ग़लत काम करने का नशा चढ़ता है तो विवेक भी चला जाता है। युधिष्ठिर एक के बाद एक दांव चलते गए। 15 वें दांव में तो द्रौपदी को लगा दिया। फिर से दुर्योधन के आदेश पर दुःशासन ने द्रौपदी के वस्त्रों पर हाथ डाला और द्रौपदी उस दिन रोई थी, यदि श्रीकृष्ण उस दिन नहीं आए होते तो भारत के लोग एक-दूसरे को मुंह दिखाने के क़ाबिल भी नहीं रहते।

यह ख़तरा अभी भी बचा है। राजनेताओं को जुआ खेलने का पुराना शौक़ है और यह जुआ होता है सत्ता का, सत्ता से मिलने वाले धन का। ये लोग इस तरह का खेल खेलेंगे ज़रूर, लेकिन बस इतना हो कि कोई द्रौपदी दांव पर नहीं लगे।

इसलिए हमें अपने भीतर के कृष्ण से जुड़े रहना चाहिए। कृष्ण एक ऐसी स्पष्ट और समर्पित ईमानदारी भरी व्यवस्था का नाम है कि वो चाहे राजा में उतरे या प्रजा में, देश का हित ही होगा।

बचाव ही उपचार है

1. किसी से हाथ नहीं मिलाएं, हाथ जोड़ कर अभिवादन करें।
2. चेहरे पर मास्क लगाने की आदत बना लें।
3. भोजन में मांसाहार का सेवन करने से परहेज करें।

कहानी कहती है–

जो दोगे वो लौट कर आएगा :

मरने के बाद इंसान कहां जाता है, उसका क्या होता है, मुक्ति क्या होती है? सुना है कुछ लोग भूत-प्रेत बन जाते हैं, आदमी की ज़िंदगी से जुड़े ये सवाल बहुत पुराने हैं और इन पर ख़ूब बोला और ख़ूब लिखा गया है। मृत्यु जीवन का सच है।

एक ब्राह्मण थे, उनका नाम था पृथु। हमेशा जप, यज्ञ, संध्या, होम, तर्पण ऐसे धार्मिक कार्यों में लगे रहते थे। जब मनुष्य धार्मिक कार्यों में संलग्न रहता है, लगातार समर्पित भाव से काम करता है तो उसकी इंद्रियां और मन उसके नियंत्रण में आ जाता है। देखिए, इंद्रियां तो कई लोगों के नियंत्रण में आ जाती है हाथ, पैर, आँख, नाक, पैर सब, लेकिन यदि मन नियंत्रण में नहीं हो तो इंद्रियों से ग़लत काम कराता है। पृथु का मन भी नियंत्रण में था। कुल मिलाकर मन-वचन और कर्म में ये एक थे। जिसके मन-वचन और कर्म एक होते हैं वे सिद्ध होने लगते हैं। क्योंकि वे मन से भी शुद्ध थे तो बहुत विनम्र थे। किसी से भी मिलते तो उसका क्या भला कर सकते हैं, यही विचार किया करते थे। एक बार तीर्थ यात्रा करने के लिए निकले। बहुत दूर जंगल में एक ऐसे स्थान पर पहुंच गए जहां ना तो पानी था और ना ही कोई पेड़-पौधा। सारी भूमि कांटों से भरी हुई थी। उसी समय उनकी नज़र पांच भयानक आकृतियों पर पड़ी।

ब्राह्मण पृथु बहुत ही सरल और सिद्ध थे। निडर तो थे ही, जिसका मन पर नियंत्रण हो जाए वह निर्भय हो जाता है। उन पांच आकृतियों से ब्राह्मण पृथु ने पूछा कि तुम कौन हो? तुम्हारे ये रूप, आकार इतने विकराल क्यों हैं? उन्होंने कहा, "हम प्रेत हैं। मनुष्य मरने के बाद यदि मुक्ति नहीं पाए तो प्रेत बन जाता है। उन प्रेतों ने कहा कि हम बहुत दिनों से भूख-प्यास से पीड़ित हो रहे हैं। हमारा ज्ञान और विवेक नष्ट हो गया है। हमें कुछ समझ नहीं आता कि कौन सी दिशा किधर है। हम ऐसे बावले जैसे हो गए कि हमें ना तो पृथ्वी समझ आती है और ना ही आकाश समझ में आता है। हम लोग बहुत कष्ट में हैं। हममें से एक का नाम है पर्यूषित, दूसरे का नाम है शूचिमुख, तीसरे का नाम है शीघ्रग, चौथे का नाम है रोधक और हममें से पांचवें का नाम है लेखक।" उन्होंने परिचय दिया।

उनके नाम सुनकर ब्राह्मण पृथु चौंक गए और पूछा कि तुम्हारे ऐसे विचित्र नाम कैसे हुए? पहले ने कहा, "जब मैं मनुष्य था तब स्वयं तो स्वादिष्ट भोजन करता, पर ब्राह्मणों एवं दूसरे लोगों को बासी यानी पर्यूषित भोजन देता था इसलिए मेरा नाम पर्यूषित पड़ा।" यह एक पाप है। भोजन में कभी भेद मत करिए। जैसा भोजन आप करें, शुद्ध भोजन करें और ऐसा ही भोजन दूसरों को कराएं। कभी-कभी घरों में कुछ सदस्य भेद कर लेते हैं। इसलिए यह नाम दण्ड बन गया – पर्यूषित। यानी बासी भोजन करने वाला।

दूसरे का नाम था शूचिमुख। उसने कहा, "मेरा नाम इसलिए ऐसा पड़ा, क्योंकि अन्य चाहने वाले लोग, ब्राह्मण, साधु-संतों के प्रति मैंने हिंसा की थी इसलिए इस पाप के कारण मेरा मुंह सुई के मुख की तरह हो गया। सुई के मुख का मतलब इतना छोटा मुख हो गया कि यदि मेरे सामने अन्न आ जाए, भोजन आ जाए तो मैं खा भी नहीं सकता।" यह भी एक पाप है। किसी को भोजन दो या नहीं दो, पर हिंसा तो मत करो।

तीसरे साथी का नाम था शीघ्रग। यह ऐसा था कि जब कोई इससे भोजन मांगता तो ये वहां से भाग जाता था। इसलिए इसका नाम पड़ गया शीघ्रग। अरे! आपके पास यदि भोजन है, तो दूसरों को दीजिए। अन्न बांटने के लिए होता है।

चौथे ने कहा कि मेरा नाम रोधक इसलिए पड़ा, क्योंकि जब भी मुझसे कोई भोजन मांगता तो मैं दरवाज़ा बंद करके खुद अकेला खा लेता था।

पांचवें का नाम लेखक इसलिए हुआ कि किसी के कुछ मांगने पर वो पैर से धरती कुरेदने लगता था।

नाम का परिचय सुनकर ब्राह्मण पृथु ने कहा कि तुम क्या खाते हो? जवाब में वे बोले, "आप सुन भी नहीं सकते कि हम मल-मूत्र खा रहे हैं। स्त्री और पुरुष के शरीर का जो बेकार हिस्सा निकलता है वही आज हमारा भोजन हो गया है। हमने अन्न के साथ हिंसा की तो आज हमें यह दण्ड मिला, लेकिन आज आपको देखकर ऐसा लगता है ब्राह्मण! आपने पितरों की पूजा की है, कर्मकांड किया है, परमात्मा से अलग ढंग से आप जुड़े हुए हैं। हम आपसे जानना चाहते हैं। हमारे जैसी गति किसी की नहीं हो इसलिए बताइए कि क्या करना चाहिए?"

तब ब्राह्मण ने कहा कि भूल तो तुमसे हुई है। अन्न सदैव बांटकर खाया जाए। अन्न कभी जूठा नहीं छोड़ा जाए। इसलिए हम तो कहते हैं कि अन्न देवता है। ब्राह्मण द्वारा अन्न के प्रति जब सच्चा ज्ञान उन्हें दिया गया तो कथा कहती है कि उनकी मुक्ति हुई।

अब यह कथा हमें यह समझा गई कि आज भी संसार में बहुत सारे ऐसे लोग हैं जो भूखे उठते हैं और भूखे ही सो जाते हैं। बहुत सारे लोग ऐसे हैं जो अन्न का दुरुपयोग करते हैं। आपके जीवन में अवसर आए तो अन्न के एक-एक दाने का सदुपयोग करिए, लेकिन प्रयास करिए कि कोई भूखा नहीं रहे।

कोरोना के इस काल में समाज का एक बड़ा वर्ग इस तकलीफ़ में है। अगर आप सक्षम हैं अपने भोजन को बांट कर खाइए। दो लोगों के लिए नियमित रूप से इस कठिन समय में भोजन अलग निकालिए। यह आदत भी अच्छी है और वक़्त की ज़रूरत है।

मार्मिक दृश्य

जो भाव अभिव्यक्त करते हैं, उन्हें ही कुचल दिया

सम्मान का भाव हो या प्रेम का, व्यक्तिगत मिलन हो या जुदाई ईश्वर की आराधना हो या शृंगार, फूलों की अहम भूमिका रही है। लेकिन ये कोरोना का काल ऐसा आया कि फूलों की खेती करने वाले किसानों ने ही उनको ट्रैक्टर से कुचल दिया।

पूरे भारतवर्ष में लॉक-डाउन के कारण यहां के फूल खेतों में सड़ रहे थे। सैकड़ों एकड़ खेतों में किसान तरह-तरह के फूल उगाते हैं, जिनसे फ़ैक्ट्रियों में इत्र बनता है। कहीं गुलकंद बनता है। लॉक-डाउन के कारण सभी फ़ैक्ट्रियां बंद रहीं।

मंदिर, धार्मिक और सामाजिक आयोजन बंद होने के कारण बाज़ार में फूलों की बिक्री भी नहीं हो पा रही है। ऐसे में करोड़ों रुपयों के फूल खेतों में सड़ रहे हैं। मंदिर-मस्जिद सभी बंद, फूल को ख़रीदने वाला कोई नहीं। और आज सच में एक फ़िल्मी गीत चरितार्थ हो रहा है :

"वैसे भी तो ये बदक़िस्मत सेज पे कांटों की सोते हैं।"

3

आयुष

प्रधानमंत्री की सात व्यावहारिक सप्तपदियों मे तीसरे क्रमांक पर आयुष है। अपनी इम्युनिटी बढ़ाने के लिए आयुष मंत्रालय द्वारा दिए गए निर्देशों का पालन करें। गर्म पानी, काढ़ा इनका निरंतर सेवन करें।

आयुष शब्द का अर्थ है आयु, वय और अवस्था तीनों स्थिति में स्वस्थ रहना। दूसरी बार कोरोना के हमले की घोषणा हो चुकी है। चीन, हांगकांग जैसे देशों ने इसके ग्राफ़ को गिराने की तैयारी कर ली थी, और वहां व्यापार भी आरंभ हो गया था, लेकिन सूचना आई है कि कोरोना का हमला दूसरी बार हो चुका है।

इसलिए आयुष के तौर-तरीक़े सीखने पड़ेंगे। हम आयुष को केवल उम्र नहीं मान लें। इसका अर्थ है स्वस्थ उम्र और कहा जाता है पहला सुख निरोगी काया। यही निरोगी काया ही सबसे बड़ा धन है। इसलिए भारत में कुछ ऐसे मौलिक तरीक़े हैं जो प्राकृतिक व आयुर्वेदिक हैं। इनका पालन करना ही पड़ेगा, अन्यथा कोरोना पूरी तरह जाएगा नहीं और जिस तरह वो रहेगा उसके साथ रहने की आदत हमको डालनी पड़ेगी। अब वही आयुष कहलाएगा।

अपनी चादर से बाहर पैर पसारना इंसान की फितरत है और वो सालों से ऐसा कर रहा है। यह प्रकृति पंच तत्व से बनी है, इस प्रकृति की चादर को मनुष्य ने खींचा, फाड़ा, पैरों तले दबाया। वह भूल गया एक दिन पलट कर इसका परिणाम आएगा। अब जब यह महामारी फैली तो लोगों

को समझ में आया कि चादर सिमट गई है, पैर बाहर निकल गए हैं। कुछ लोगों ने तो ज़िंदगी को बहुत हल्के में ले लिया था। प्राणियों को मार कर अपनी भूख मिटाई, जिनका पालन-पोषण करना चाहिए उनको भोजन बना लिया जाए तो ऐसे दृश्य सामने आने ही थे।

वैदिक सप्तपदी का तीसरा मंत्र है :

धन वृद्धि की साक्षी-

ओ३म् त्रिगुणाश्च त्रिदेवाश्च, त्रिशक्तिः सत्परायणाः।
लोकत्रये त्रिसन्ध्यायाः, तस्य साक्षी प्रदीयताम्।

तीसरा चरण-

ओ३म् रायस्पोषाय त्रिपदी भव सा मामनुव्रता भव।
विष्णुस्त्वानयतु पुत्रान् विन्दावहै, बहूँस्ते सन्तु जरदष्टयः॥ 3॥

इस पदी में धन का महत्त्व बताया गया है। पुरुष आग्रह करता है कि अब मैं धन अपने परिवार के लिए, गृहस्थी के लिए कमाऊंगा और उस धन की व्यवस्था तुम्हारे हाथ में दूंगा, स्त्री उसे स्वीकार करती है। वह कहती है कि उस धन का सदुपयोग परिवार के संस्कारों के लिए, वंश की वृद्धि के लिए उपयोग में किया जाएगा। ऋषि-मुनियों ने कितने सुंदर ढंग से सप्तपदी में धन का सदुपयोग बताया है।

आपके पास कितनी ही दौलत हो, लेकिन यदि आप स्वस्थ नहीं हैं, तो आप निर्धन ही हैं। यह बात कोविड-19 ने समझा दी सबको। ना कोई अमीर बचा, ना कोई ग़रीब रह गया। एक सिरे से उसने सबको उनकी औकात बता दी। इसलिए सबसे बड़ा धन है आप स्वस्थ रहें।

यह पूंजी किस काम की कि आप सांस ले रहे हैं और वह जब अंतिम हो, तो वो धन बचा भी नहीं पाएगा। आज के इस दौर में हमारे पास हमारी प्रकृति सबसे बड़ा धन है। सप्तपदी में आयुष का अर्थ ही यह है कि प्राकृतिक साधनों का, आयुर्वेदिक उपचारों का, दादी-नानी के नुस्खों का सदुपयोग कर लीजिए।

प्रकृति और अन्य प्राणियों पर इंसानों ने जिस ताक़त से नियंत्रण किया था, उस क्षमता पर ही प्रश्न चिह्न लग गया। एक छोटे से अदृश्य वायरस ने मनुष्य की योग्यता से ऐसे दो-दो हाथ किए कि छोटे-बड़े सब धराशाई हो गए।

प्रकृति अपने बच्चों की दशा देख कर दुःखी तो है पर सोच यह रही है कि जो किया है उसे भोगना ही पड़ता है।

ग्रंथ परिचय – 'भागवत पुराण'

हिंदुओं के अठारह पुराणों में से एक है – 'भागवत पुराण।' इसका मुख्य वर्ण्य विषय भक्ति योग है, जिसमें कृष्ण को सभी देवों के रूप में चित्रित किया गया है। इस पुराण का रचयिता वेद व्यास को माना जाता है। भगवान शुकदेव द्वारा महाराज परीक्षित को सुनाया गया यह ग्रंथ प्रेरणादायी विविध उपाख्यानों का अद्भुत संग्रह है।

1. डिप्रेशन

जीवन का केंद्र परमात्मा रखें :

कोरोना से पहले और कोरोना काल में डिप्रेशन एक ऐसी स्थिति है, जो हर इंसान के जीवन में कभी ना कभी दस्तक दे देती है। कई लोग इसकी आहट सुन कर ही इससे बचाव का रास्ता अपना लेते हैं और कई लोग इसमें इतनी गहराई तक उतर जाते हैं कि बाहर आने का कोई रास्ता उन्हें नज़र नहीं आता। अंत में परेशानियों से जुझते हुए आत्महत्या का रास्ता अपना लेते हैं। इन दिनों भी कई ऐसी ख़बरें पढ़ने को मिलीं जब आर्थिक, व्यावसायिक और पारिवारिक परिस्थितियों से तंग आ कर कई लोग डिप्रेशन में आ गए और आत्महत्या कर ली।

ज़िंदगी आसान नहीं होती, उसमें सदा समुद्र की लहरों की तरह उथल-पुथल चलती रहती है। ज़िंदगी में शांति और अशांति इस बात पर निर्भर करती है कि हमारे जीवन के केंद्र में क्या है? अगर जीवन के केंद्र में

संसार है, और परिधि में परमात्मा है तो आप अशांत हो जाएंगे। आज का दृश्य तो बिलकुल ही बदला हुआ है। जीवन के केंद्र में महामारी है, परिधि पर दुनियादारी है, परमात्मा का तो पता ही नहीं है। इस स्थिति में और अन्य बीमारियां भी पैदा हो जाएंगी या यूं कहें होने लगी हैं। चिड़चिड़ापन, उदासी, बेचैनी, अकेलापन इन सबको मिला कर डिप्रेशन कह सकते हैं।

वैसे तो कोरोना की तरह डिप्रेशन भी ग्लोबल समस्या है। दुनिया भर में हर जाति, उम्र, वर्ग के लोग इससे ग्रसित हैं। हमारा भारत इस मामले में थोड़ा ज्यादा संवेदनशील है, क्योंकि कई मिश्रित कारणों से यहां बड़े पैमाने पर अनियंत्रित हाइपरटेंशन, डाइबिटीज और लाइफ़स्टाइल जनित रोग पहले से पसरे हुए हैं। यदि आर्थिक मंदी आई तो बेरोज़गारी और दिवालिया होने का सीधा परिणाम होगा डिप्रेशन। आत्महत्या की प्रवृत्ति बढ़ जाएगी, घरेलू हिंसा और होने लगेगी, जिनके पास और कोई काम नहीं वो अपराध का काम करेंगे, आतंकवाद नए ढंग से इस झोल में प्रवेश कर जाएगा। अच्छे-अच्छे समझदार लोग भी इस बात को स्वीकार कर रहे हैं।

जैसे एंटीबायोटिक का साइड इफ़ेक्ट होता है। ऐसे ही लॉक-डाउन के साइड इफ़ेक्ट से गंभीर मानसिक बीमारियां होंगी। इस समय इसे भी दवाई मान लें कि हालात बदलने के लिए लोगों को बदलना होगा। सब कुछ सरकार और व्यवस्था पर नहीं छोड़ा जा सकता।

अब लोगों के जीवन में दो तरह की कार्यशैली उतरेगी; एक घर से काम, दूसरा घर से दूर रहकर काम। दोनों ही स्थिति में तनाव घेर कर खड़ा रहेगा, क्योंकि इस बीमारी ने लोगों के दिमाग़ के बड़े हिस्से पर क़ब्ज़ा कर लिया है। अब दिमाग़ पर काम का दबाव और बढ़ जाएगा, लिहाजा मन हावी होगा और मन नेगेटिविटी का केंद्र होता है। इसलिए डिप्रेशन को लेकर अतिरिक्त सावधानी बरतनी होगी, व्यवसाय चलेगा कि नहीं, नौकरी बचेगी कि नहीं, घर कैसे चलाएंगे, कहीं हो ना जाए कोरोना। ऐसे शब्द रह-रह कर इंसान के रोम-रोम में उतर रहे हैं।

यह जो वक़्त आया है ना जीवन में इसका भरपूर फ़ायदा उठाइए। इस लॉक-डाउन को स्वयं से और सोशल डिस्टेंसिंग को आत्मा से जुड़ने का अवसर मानें। हम शरीर पर टिके हुए हैं इसलिए आत्मा तक की यात्रा करते नहीं हैं।

सोच कर देखिए और विचार कीजिए इस वक़्त ने, इन घटनाओं ने हमें मौक़ा दिया है, आप जितना अपनी आत्मा को स्पर्श कर सकते हैं करिए, इससे पर्सनल कनेक्टिविटी बढ़ जाएगी और सोशल डिस्टेंस का सपोर्ट मिलेगा।

यह अच्छी तरह समझ लीजिए कि कुछ बातें कुछ घटनाएं हमारी सोच, समझ और करने से परे होती हैं। अब जो भी ख़बरें आनी हैं वे तो आएंगी। अफवाह के रूप में भी और जानकारी के रूप में भी।

उन पर ध्यान ना देते हुए यह सोचिए, हम क्या कर सकते हैं अपने लिए, और अपनों के लिए। बिना वजह बहुत अधिक जानकारी लेने की कोशिश मत करिए, खुद पर भरोसा करिए। जानकारी लेने से यदि हमारी सतर्कता में कोई फ़र्क़ पड़ रहा है, तभी उसकी तह तक जाइए अन्यथा बैठे-बैठे यूं ही अपने दिल और दिमाग़ पर दवाब बनाने के लिए बहुत अधिक सूचनाओं से नहीं जुड़ें।

'भागवत' की सीख

'भागवत' ग्रंथ क्यों लिखा गया? इसके लेखक थे वेद व्यास। वे बहुत अच्छे संपादक थे। घटनाओं को जोड़ कर प्रस्तुत करने में दक्ष थे। ब्रह्मा जी ने अपना ज्ञान नारद जी को दिया, नारद जी ने व्यास जी को दिया था। व्यास जी ने पूरे ज्ञान को चार वेदों में बांटा और अठारह पुराणों की रचना की। व्यास जी ने 'महाभारत' ग्रंथ की रचना की थी, वे महाभारत काल के समकालीन थे, उन्होंने सामने घटनाएं देखीं और लिखीं।

'महाभारत' लिखने के बाद एक दिन व्यास जी अपने आश्रम में बैठे थे। नारद वहां से गुज़रे। नारद ने देखा तो उन्हें महसूस हुआ कि व्यास जी उदास हैं, थके हुए हैं। नारद जी ने पूछा क्या बात है? व्यास जी ने कहा, "यही मैं आपसे पूछना चाहता हूं। मैंने सृजन किया है, रचनात्मकता मनुष्य को निश्चिंत बनाती है, प्रसन्न करती है, लेकिन 'महाभारत' जैसी रचना करने के बाद मैं उदास हो गया हूं। भीतर से बेचैन हूं और अवसाद में डूब गया हूं, ऐसा मेरे साथ क्यों हुआ?"

नारद ने उत्तर दिया, "आपके साथ ऐसा होना था, क्योंकि जो सृजन आपने किया है, जो क्रिया आपकी है, उसके केंद्र में मनुष्य के झगड़े हैं, छल है, कपट है, युद्ध है। आपकी कथा के नायक पांडव हैं, खलनायक कौरव हैं। आप कभी शांत नहीं हो सकते। आप केंद्र में परमात्मा को रखिए और फिर एक ग्रंथ लिखिए।"

फिर उन्होंने कृष्ण को नायक बनाकर 'भागवत' लिखी। नारद उनको एक बात समझा गए थे कि किसी भी गतिविधि के केंद्र में यदि परमात्मा होगा तो परिणाम में शांति मिलेगी। जिस कार्य का केंद्र केवल संसार होगा, नतीजे में अशांति पाओगे।

बस, यही बात हमें आज 'भागवत' से सीखनी है। हमारी गतिविधियां सतत चलेंगी, तो प्रयास यह करें कि केंद्र में परमात्मा हो, परिधि पर कोरोना पड़ा हो, तो शायद आप अशांत नहीं होंगे। इससे पार भी निकल जाएंगे, बस इस बात का ध्यान रखिएगा जीवन के केंद्र में आप किसे रख कर चल रहे हैं।

2. प्रदूषण

सबसे बड़ा धन है प्रकृति :

हमारे पास हमारी प्रकृति सबसे बड़ा धन है। सप्तपदी में आयुष का अर्थ यह है कि प्राकृतिक साधनों का, आयुर्वेदिक उपचारों का, दादी-नानी के नुस्खों का सदुपयोग कर लीजिए। प्रकृति और अन्य प्राणियों से इंसानों ने जिस ढंग से व्यवहार किया वो अत्याचार ही कहा जाएगा। एक छोटे से अदृश्य वायरस ने मनुष्य की योग्यता पर ऐसा प्रहार किया कि वह मूर्ख बना, ठगा सा खड़ा है। प्रकृति दुखी है फिर भी सहायता करने को तैयार है।

कोरोना एक अच्छा पहलू – प्रदूषण के बढ़ते ग्राफ़ पर रोक :

एक ओर ये महामारी जहां लोगों की जान ले रही है वहीं लॉक-डाउन के

कारण प्रदूषण के स्तर में कमी आई है। पूरी दुनिया में एक साथ लोग रुक गए हैं, ना गाड़ियां चलती हैं, ना पर्यटन के स्थलों पर भीड़ होती है, ना किसी तरह का कचरा फेंका जाता है। आसमान साफ़ नज़र आने लगा है और कार्बन डाई ऑक्साइड का स्तर कम हो गया है।

प्रदूषण की मुख्य कारक गैस है, जो डीज़ल या कोयले के जलने से हुए धुंए में पाई जाती है। इसकी अधिकता अम्लीय वर्षा को जन्म देती है। यह गैस सर्दियों में सांस की तकलीफ़ संबंधी बीमारियों के प्रति, संवेदनशील बनाती है।

लॉक-डाउन के दौरान, प्रकृति का असली रूप निकल कर आया। जंगली जानवर बेफ़िक्र विचरण करते हुए नज़र आए। ओजोन परत में सुधार के संकेत मिल गए, वायु प्रदूषण सामान्य से आधा हो गया।

पूरी दुनिया में हवा स्वच्छ हो गई है। धरती का शोर मिटा है, कंपन कम हो गया है। कार्बन उत्सर्जन की मात्रा कम हो गई।

दूसरे विश्व युद्ध के बाद पहली बार प्रदूषण का स्तर इतना गिरा। सोचने वाली बात है कि 29 और 30 मार्च तक भारत में एक भी शहर ऐसा नहीं था जहां की हवा ख़राब हो।

हालांकि इंडस्ट्री का कामकाज ठप पड़ा है, और लोग घरों में निकल नहीं पा रहे और गाड़ियों की आवाजाही बिलकुल बंद है। इससे अर्थव्यवस्था तो चरमरा गई है, लेकिन कहते हैं ना कि जो होता है अच्छे के लिए होता है। इस लॉक-डाउन की वजह से भारत में भी राजधानी दिल्ली समेत सभी दूसरे शहरों में वायु, जल और ध्वनि प्रदूषण में कमी आई है। यह धरती, यह प्रकृति खुल कर सांस ले सके शायद इसीलिए एक अदृश्य वायरस ने दुनिया में इतना कोहराम मचा रखा है।

ये मानव द्वारा की गई क्रियाओं की प्रतिक्रिया है जो ये प्रकृति दे रही है कि बस, अब सहन करने की क्षमता ख़त्म हुई। एक अंधी दौड़ में मानव भाग रहा था किस ओर कोई नहीं जानता, बस सबको सब हासिल करना था। इस वक़्त को हम कह रहे हैं परिवार के साथ बिताने वाला वक़्त मिला है हमें। सप्ताह के शनिवार और रविवार भी तो सदा रहे हमारे पास, लेकिन हम रोज़ से ज़्यादा व्यस्त हो जाते उनमें और गाड़ियां उठा कर चल देते कहीं।

जबकि इन दो दिनों में पॉल्यूशन पर नियंत्रण कर सकते थे हम। शादियों में अनावश्यक खाने-पीने की वस्तुओं का प्रदर्शन जो बाद में वेस्ट बनता है। इस पर नियंत्रण होना बहुत ज़रूरी है। देखा-देखी की होड़ में चाहे पॉकेट इज़ाज़त दे या नहीं दे हम कई अनावश्यक यात्राएं कर आते हैं। फिर दौड़ शुरू होती पैसा कमाने की ताकि उस इंस्टालमेंट को भर सकें। फिर आपसी नोंक-झोंक जो बड़े झगड़े में बदल जाती और माहौल नकारात्मक हो जाता है। यह नकारत्मकता वातावरण में घुल जाती। कटते हुए पेड़, हर घर में चलते हुए चार-चार एयर कंडीशनर और बेलगाम गाड़ियों का धुंआ, धरती को बोझिल किए जा रहा था। जिसका नतीजा आज सामने आ रहा है।

रिसर्च में सामने आया कि जिन शहरों में प्रदूषण ज़्यादा है, वहीं से कोरोना के मरीज अधिक सामने आ रहे हैं, क्योंकि उनकी रोग प्रतिरोधक क्षमता प्रदूषण की वजह से कम हो जाती है और सांसों में पहले से ही ज़हर घुला हुआ है।

प्रदूषित माहौल को देखते हुए एक विचार यह भी आता है कि यह लॉक-डाउन वक़्त की ज़रूरत था। एक तरह से इस दौरान लोग बाहर तो नहीं निकल पाए, लेकिन साफ़ आसमान, समंदर व नदियों का साफ़ पानी हरी-भरी प्रकृति आप से बात करने को तैयार है। कम-से-कम अब जब बाहर निकलें तो इसकी तैयारी रखिएगा। ये ही आयुष हैं। जल, जंगल और ज़मीन हमने तीनों के मायने बिगाड़ दिए थे। अब समझिए जल भी आपको पुकार सकता है, जंगल आप से बोल रहे हैं, ज़मीन आप से चर्चा कर सकती है, लेकिन हमने जल सिर्फ़ बर्बाद किया, जंगल काटे और ज़मीन को रौंदा।

एक इशारा और समझिए। प्रकृति से आप तब ही बात कर पाएंगे जब आप शरीर से भीतर जाकर आत्मा पर टिके हुए होंगे। प्रकृति को महसूस करने की क्षमता आत्मा में होती है।

आत्मा पर ठहराव योग करने से आता है। योग करेंगे तो प्रकृति अपने सारे सद्गुण, अपने सारे उपचार आपको सहजता से दे देगी। अब तो रहना कोरोना के साथ ही है, तो क्यों ना योग को साध लें और प्रकृति से जुड़ जाएं।

'भागवत' से सीख

प्रकृति का मान करना श्री कृष्ण ने सिखाया था। एक बार ब्रज वासियों को हाथ में थाली की पूजा लेकर जाते देखा। कृष्ण ने पूछा था किसकी पूजा करने जा रहे है? ब्रज के लोगों ने कहा इंद्र की पूजा कर रहे हैं। कृष्ण ने सवाल किया, "क्यों?"

"क्योंकि इंद्र वर्षा कराता है, हम खेतिहर लोग हैं।" बृज वालों ने जवाब दिया।

कृष्ण ने अपने जीवन की पहली क्रांति यहीं की थी कि इंद्र की पूजा बंद करवा दी। कृष्ण का तर्क था की वर्षा इंद्र नहीं कराता, वर्षा प्रकृति करवाती है। इंद्र तो उस व्यवस्था को करने वाले देवता का नाम है। यह तो उसका कर्तव्य है, इसमें पूजा कैसी।

बृज-वासी डर गए। इंद्र को पता लगेगा तो कोप करेगा। कृष्ण ने बृज वासियों को आश्वस्त किया कि अगर इंद्र बहुत अधिक वर्षा कर परेशान करेगा तो मैं एक गड्ढा खोद कर आपको सुरक्षित करूंगा। आपकी रक्षा करूंगा।

जब इंद्र को पता लगा कि उसकी पूजा बंद हो गई तो उसने घनघोर वर्षा की। उस समय कृष्ण की उम्र थी 7 वर्ष। 7 दिन तक उन्होंने गोवर्धन पर्वत को अपनी छोटी अंगुली पर उठाया था। इंद्र को लगा कि इतनी वर्षा के बाद भी किसी का कुछ अनिष्ट नहीं हुआ, आ कर देखा तो कृष्ण खड़े थे।

इंद्र ने कृष्ण से क्षमा मांगी और पूछा, "महाराज आप मेरी दुकान क्यों उठा रहे हैं? मेरी पूजा अच्छी खासी चल रही थी, आपने बंद करवा दी।"

यहां कृष्ण का उत्तर बहुत ध्यान देने योग्य है। कृष्ण ने कहा, "इंद्र वर्षा कराना आपका कर्तव्य है। उसके बदले में आप लोगों से पूजा की अपेक्षा रखें, मेरी दृष्टि में यह भ्रष्टाचार है। प्रकृति के साथ इस तरह छेड़-छाड़ नहीं करें।"

इंद्र ने क्षमा मांगी, और चले गए। भगवान ने गोवर्धन की पूजा की और यह बताया कि प्रकृति का प्रतिनिधि गोवर्धन पर्वत है। पूजा करनी है तो प्रकृति की करो, व्यक्ति को मत पूजो।

हम एक बड़ी भूल कर रहे हैं। हम अपने लिए प्रकृति को नष्ट करते आ रहे हैं। जब हम नष्ट हो रहे हैं, तो उसको मदद करने लायक़ भी नहीं रख रहे हैं। इस लॉक-डाउन को प्रकृति का वेक अप कॉल कह सकते हैं। अगर हम समझ पा रहे हैं, तो इस कारण 90 से ज़्यादा जगहों पर प्रदूषण के स्तर में कमी आई है।

बचाव ही उपचार है

इम्यून सिस्टम मज़बूत करें

1. आंवले का रस और चटनी का सेवन उचित मात्रा में।
2. एलोवेरा का जूस पीना चाहिए।
3. नींबू पानी का सेवन समय-समय पर।
4. जब पानी पीना हो सादा गुनगुना पानी पीने के आदत डालें।

कहानी कहती है–

मनुष्य वृत्ति और आयुष का भेद

ऊपर वाले ने भी बड़े नए ढंग से इंसान को उम्र देकर दुनिया में भेजा है। भगवान ने जब इंसान को उम्र दी तो इंसान ने भगवान के साथ क्या किया, इसकी एक बड़ी सुंदर कहानी है। इंसान अपनी उम्र का सदुपयोग कैसे करे और ख़ास तौर पर कोरोना के दौर में।

भगवान ने सृष्टि की रचना की तो सभी प्राणियों को उम्र देना थी। मनुष्य को भी और पशुओं को भी। तो भगवान ने हिसाब लगाया कहीं ऐसा नहीं हो कि मनुष्य या अन्य कोई भी प्राणी कहने लगे, शिकायत करे कि हमें कम मिली, ज़्यादा मिली। उन्होंने एक आंकड़ा बनाया 40 का। सभी प्राणियों

को 40 साल की उम्र दे दी कि सभी अपने-अपने जन्म के हिसाब से 40 साल ज़िंदगी जीएंगे।

जब भगवान ने यह घोषणा की कि सबको 40 साल मिलेंगे तो मनुष्य जाकर भगवान के सामने खड़ा हो गया और कहने लगा, "महाराज, यह तो मेरे हिसाब से थोड़ी कम है। मुझे तो गृहस्थी बसाना है, नए-नए काम करना है, नई-नई रिसर्च करनी है।" भगवान ने पूछा, "तो क्या चाहते हो? मनुष्य बोला, "थोड़ी उम्र बढ़ जाए तो ठीक होगा।" भगवान ने कहा, "अभी तो संभव नहीं है, आगे कुछ हो सका तो विचार करेंगे।"

कुछ वक्त बीत गया तो एक दिन भगवान के पास एक गधा आया और बोला, "आपने मुझे 40 साल की उम्र दे दी, तो क्या मैं इतने सालों तक ही बोझा ढोता रहूंगा? मैं तो बहुत परेशान हूं, कृपया मेरी उम्र कम कर दीजिए।"

भगवान को तुरंत याद आया कि मनुष्य मांग रहा था अतिरिक्त आयु। तो गधे से बोले, "ठीक है, तेरी 40 में से 20 निकाल लेते हैं।" भगवान ने मनुष्य को बुलाया और कहा, "तू कह रहा था ना कि 40 साल कम पड़ती है, थोड़ी ज़्यादा चाहिए। तो मेरे पास गधे के 20 साल अतिरिक्त हैं। चाहे तो दे दूं।" मनुष्य ने कहा, "बिलकुल दे दीजिए। मैं तो चाह ही रहा था।" इस तरह भगवान ने गधे की बची 20 साल की उम्र मनुष्य को दे दी, तो मनुष्य 40 से 60 का हो गया।

भगवान ने पूछा, "अब तो खुश हो?" लेकिन मांगना तो मनुष्य की तासीर है। उसने कहा, "अभी तो 60 साल की लेकर जा रहा हूं, यदि और कहीं से अतिरिक्त आ जाए तो बुला लीजिएगा।" भगवान मुस्कराए, इंसान चला गया।

वक्त बीता और एक दिन भगवान के पास कुत्ता पहुंचा। कुत्ते ने कहा, "आपने मुझे 40 साल की उम्र दी है। भौंकता रहता हूं, मालिक के दरवाज़े पर पड़ा रहता हूं या भटकता रहता हूं। कुछ मिल जाए तो खा लिया, नहीं तो भूखा ही रह जाता हूं। आप तो ऐसा करिए कि मेरी उम्र कुछ कम कर दीजिए।"

यहां भी भगवान ने 20 साल निकाल लिए। अब कुत्ता 20 का रह गया। बचे 20 साल के लिए भगवान ने फिर मनुष्य को बुलाया और कहा, "मैंने पहले तुझे 40 साल दिए थे। बाद में 20 गधे के बचे, वो भी दे दिए।

अब मेरे पास आया था कुत्ता। उसे भी उम्र ज़्यादा लग रही थी, तो मैंने उसमें से भी 20 निकाल ली जो मेरे पास है। तुम कहो तो दे दूं?" मनुष्य ने कहा, "तुरंत दे दीजिए। मैं तो चाह ही रहा था।"

अब भगवान ने 20 साल कुत्ते के हिस्से के भी दे दिए और 60 साल वाला मनुष्य अब हो गया 80 का। खुश हो गया, फिर भी जाते-जाते भगवान से कह गया कि और भी गुंजाइश हो तो याद कर लीजिएगा।

एक दिन भगवान के पास उल्लू पहुंचा और बोला, "महाराज, उम्र लंबी पड़ रही है। अंधे-सा रहता हूं। रात को भटकता रहता हूं और ज़रा किसी के मकान के पास बोल दूं तो लोग पत्थर मारकर भगाने लगते हैं। परेशान हूं और इतनी उम्र जीना नहीं चाहता। कृपया आप तो मेरी उम्र कम कर दीजिए।"

भगवान ने कहा, "ठीक है, 20 रख लो।" 20 साल उल्लू के बचा लिए और फिर बुलाया मनुष्य को। बोले, "भाई मेरे पास 20 साल और है, जो उल्लू के हैं। चाहो तो दे दूं?" मनुष्य ने कहा, "बिलकुल दे दीजिए।" अब मनुष्य 100 का होकर चला गया।

तो मनुष्य ने जो-जो उम्र मांगी, अब वह उसकी ज़िंदगी में कुछ दृश्यों में दिख रही है और ऊपर बैठे भगवान हमें देखकर मुस्करा रहे हैं।

40 साल तक तो मनुष्य का जीवन बढ़िया चला। वह अपनी ज़िम्मेदारियां अच्छे से निभाता रहा। लेकिन 40 के बाद अगले 20 साल (60 तक) गधे की उम्र से काम करता है। परिवार की व्यवस्था, आवश्यकताओं का बोझ उठाता रहता है। फिर, 60 से 80 के बीच कुत्ते की उम्र आ जाती है तो घर के बाहर दरवाज़े पर बैठे रहो, बच्चों की देखभाल करो, बहुओं की सुनो, ऐसा मत करो, ऐसा करो। कभी-कभी तो लगता है कि मनुष्य श्वान जैसा हो गया।

उसके बाद जब मनुष्य 80 साल पूरे कर लेता है, तो उसके पास उल्लू की उम्र आ जाती है। आंखों से दिखता नहीं, इधर-उधर जा नहीं सकता। बस, बैठा रहता है और जिसके मन में जो आता है, सुनाकर चला जाता है।

यह कहानी पढ़ कर एक मुस्कराहट चेहरे पर आती है। इसमें थोड़ा हास-परिहास है, लेकिन इसके पीछे एक सत्यता है। हम मनुष्यों को परमात्मा ने उम्र तो दे दी, लेकिन यह उम्र आप कैसे बिताते हैं और ख़ासकर अब

कोरोना से लड़ने के दौर में। क्योंकि यह दौर ऐसा है जिसमें बच्चे, तरुण, जवान, प्रौढ़ और बूढ़े सब एक साथ घरों में बंद-से कर दिए गए।

तो समझिए मनुष्य की उम्र का यह खेल जो भगवान ने दिया है और जिस भी उम्र में हों, पूरे अनुशासन से, पूरे आनंद से रहिएगा, यह दौर भी गुज़र जाएगा। हमें कोरोना के साथ रहना भी है, लड़ना भी है।

मार्मिक दृश्य

दर्द और तकलीफ़ का दौर हमें मज़बूत बनाता है, और इसमें अनगिनत दर्द से भरी हुई घटनाओं के साथ सैकड़ों घटनाएं ऐसी भी घटीं जो जीवन की प्रेरणा बन गईं।

स्विट्ज़रलैंड के मैटरहॉर्न पर्वत पर चमका तिरंगा ः कोरोना से लड़ाई पर भारत को सलाम करने का अंदाज़ था ये। वैश्विक महामारी से जब सारी दुनिया जूझ रही है, तब भारत ने इससे लड़ने के लिए एक नई राह दुनिया को दिखाई है। तमाम देशों में स्थितियां बेक़ाबू हैं। कई तरह के प्रयोगों के बावजूद नाकामी हाथ लग रही है। वहीं भारत सरकार के फ़ैसलों की दुनिया तारीफ़ कर रही है। भारत की इस सफलता को समर्पित करते हुए स्विट्ज़रलैंड के मैटरहॉर्न पर्वत को भारतीय तिरंगे का रंग दिया गया।

यह प्रयोग कोरोना संक्रमण के ख़िलाफ़ भारत के प्रयासों से दुनियाभर में जगी उम्मीद और जज़्बे को सलाम किया गया है। जनसंख्या अधिक होने के बावजूद भी यहां की सरकारों द्वारा उठाए गए क़दमों के कारण यहां कोरोना वायरस संक्रमण की स्थिति काफ़ी नियंत्रित है।

4

आरोग्य एप

मोबाइल फ़ोन आज हम सभी के जीवन का हिस्सा हैं, उसके बिना जीने की कल्पना भी डराती है लोगों को। आज के इस लॉक-डाउन दौर को भी लोग इसीलिए सहजता से निकाल पा रहे हैं, क्योंकि उनके पास मोबाइल है। मोबाइल और इंटरनेट ने इंसान की हथेली में पूरी दुनिया को ला कर रख दिया है।

हर चीज़ का डिजिटलाइजेशन होने लग गया है, इसी बात का ख़्याल रखते हुए, सेहत भी डिजिटल कर लीजिए। 14 अप्रैल को प्रधानमंत्री नरेंद्र मोदी ने लॉक-डाउन पार्ट-टू की घोषणा के साथ आरोग्य सेतु एप डाउनलोड करने का आग्रह हर देशवासी से किया था। इसकी उपयोगिता के कारण ही प्रधानमंत्री ने इसे डाउनलोड करने की अपील की थी। अब तक 10 करोड़ से अधिक लोग इस एप को डाउनलोड कर चुके हैं।

प्रधानमंत्री का व्यावहारिक सप्तपदी चौथा वचन :

आरोग्य सेतु मोबाइल एप ज़रूर डाउनलोड करें और अन्य लोगों को भी इसे डाउनलोड करने के लिए प्रेरित करें।

यह काम तो हर व्यक्ति को कर ही लेना चाहिए। आज हमारे देश में बड़ी संख्या में लोग मोबाइल और उस पर कई एप का इस्तेमाल कर रहे हैं। पहले स्वयं डाउनलोड करें और लोगों को प्रेरित करिए कि अधिक से अधिक संख्या में लोग मोबाइल में इस एप का उपयोग करें।

धीरे-धीरे दुनिया और डिजिटल होती जाएगी। डिजिटल का उपयोग यदि बुद्धिमानी से किया जाए तो लाभकारी है, अन्यथा किसी चीज़ की अति लोगों को नुक़सान पहुंचा ही रही है। आज यह डिजिटल मीडिया ही था कि हम लोग लॉक-डाउन में अपने घरों में रहकर भी अपने नजदीकी रिश्तेदार, परिवारजनों से अलग-अलग माध्यम से बातचीत कर पाए। वर्क फ्रॉम होम भी इसलिए सफल हो पाया कि अपने ऑफ़िस को हमने डिजिटल कर लिया।

तकनीक का उपयोग मेडिकल के क्षेत्र में काम आ रहा है। सही दिशा में तकनीक का इस्तेमाल हो तो वो भगवान का रूप भी हो जाती है और कार्यों की सफलता से उसे प्रणाम करने को जी चाहता है।

विचार कर के देखिए टेक्नोलॉजी मन की तरह होती है। बहुत तेज़ी से आपको एक जगह से दूसरी जगह ले जा सकती है। आप एक कमरे में बंद हैं, लेकिन सारी दुनिया आपकी अंगुली पर है। मन भी ऐसा ही है। एक क्षण में कहीं भी जा सकता है।

तन को तो रोका जा सकता है, लेकिन इस लॉक-डाउन की अवधि में मन ने बहुत बेचैन किया है। तन से तो लोग रुक गए, लेकिन मन बिलकुल घर में नहीं लग रहा होगा। इस दौड़ते-फिरते मन ने हमको घर में रहकर भी थका दिया होगा। इसीलिए मन की थकान हावी होगी और लोग उदास हो जाएंगे, डिप्रेशन के निकट चले जाएंगे।

जब हम कोई डिजिटल तकनीक का उपयोग करते हैं तो उसकी विशेषता होती है कि उसमें हर चीज सैगमेंट में बंटी हुई होती है। अपने मन को भी सैगमेंट में बांट दीजिए। रेड ज़ोन, ओरेंज ज़ोन और ग्रीन ज़ोन - इन दिनों इनकी भी बहुत चर्चा है।

जहां कोरोना का प्रकोप सबसे ज़्यादा है वो रेड ज़ोन है। हमारा मन भी तीन ज़ोन में बंटा हुआ है। जब वह रेड ज़ोन में रहता है बहुत नुक़सान पहुंचाता है। उसको ग्रीन ज़ोन में लाना चाहिए और यह काम होता है योग व मेडिटेशन से। अपने मन का योग और मेडिटेशन के माध्यम से सदुपयोग करें और उसी तरह डिजिटल मीडिया का भी सदुपयोग करें। आरोग्य एप को डाउनलोड करना एक सदुपयोग है।

वैदिक सप्तपदी का चौथा मंत्र है :

सुख वृद्धि की चौथी साक्षी :

ओ३म् चतुर्मुखो ब्रह्मा, चत्वारो वेदसंभवाः।
चतुयुर्गाः प्रवतर्न्ते, तेषां साक्षी प्रदीयताम्।

चौथा चरण –

ओ३म् मायो भवाय चतुष्पदी भव सा मामनुव्रता भव।
विष्णुस्त्वानयतु पुत्रान् विन्दावहै, बहूँस्ते सन्तु जरदष्टयः।। 4 ।।

वैदिक सप्तपदी का चौथा चरण है पति-पत्नी मंत्रों द्वारा बचनबद्ध होते हैं कि आज से सुख-दुख में हम एक दूसरे का साथ देंगे। सब काम मिलकर करेंगे, कोई किसी को अकेला नहीं छोड़ेगा। कब सुख आ जाए जीवन में और कब दुख आ जाए यह पता नहीं है। चूंकि हम लोग केवल सुख के पीछे भागते हैं, दुख नहीं चाहते, इसलिए जब दुख आता है तो और दुखी हो जाते हैं।

एक बात अच्छे से याद रखें कि दुनिया में ऐसा कोई सुख बना ही नहीं जो बिना दुख के आए। सोशल मीडिया के माध्यम से लोग एक दूसरे की बहुत सहायता कर रहे हैं। इस कठिन दौर में और ख़ासतौर पर आरोग्य एप डाउनलोड करेंगे तो इसके माध्यम से आप सुख और दुख का सही अर्थ समझ जाएंगे। प्रत्यक्ष उपस्थित रहकर आप अपने लोगों की मदद नहीं करते हुए भी इस मीडिया के माध्यम से उनकी सुख-दुख में सहयोग कर सकेंगे।

ग्रंथ परिचय – 'देवी भागवत'

त्रिशक्ति हमारे जीवन में अगर सही सदुपयोग में आ जाए जीवन के उद्देश्य और परिणाम ही बदल जाएंगे।

ये त्रिशक्तियां हैं – महालक्ष्मी, महादुर्गा और महासरस्वती। इन्हीं की कथाएं 'देवी भागवत' में हैं। आज हमको ऊर्जा की आवश्यकता है। हमें शक्ति चाहिए। विज्ञान ने ऊर्जा और शक्ति के ही प्रयोग किए हैं, लेकिन वो प्रयोग बाहर किए हैं। अध्यात्म ने इन दोनों का प्रयोग भीतर किया है।

हम जब डिजिटल मीडिया से जुड़ रहे हैं इसका मतलब यह है कि हम अपने जीवन में धर्म और विज्ञान का समन्वय कर रहे हैं। 'देवी भागवत' की कथाएं हमें यह समन्वय करने में मदद करेंगी।

1. सोशल मीडिया – समझ के साथ उपयोगी बनाना

सोशल मीडिया साइट्स वसुधैव कुटंबकम की सार्थकता को सिद्ध करती हैं। इन वेबसाइट्स में समाज के विभिन्न वर्गों से लोग जुड़कर विचारों-भावों-सूचनाओं का आदान-प्रदान करते हैं। जो लोग अत्यधिक व्यस्त या दूर होने के कारण आपस में मिल नहीं पाते थे वो भी अब इनके जरिये मिलते-जुलते रहते हैं। वार-त्यौहार, जन्मदिन आदि की शुभकामनाएं भी समय-समय पर प्रेषित करते रहते हैं। इससे लोगों के बीच की दूरी कम हो गई है।

जो वृद्ध घर से बाहर आने-जाने में सक्षम नहीं हैं वो भी इनके इस्तेमाल से खुश रहते हैं। इस पर हर तरह की चर्चा चाहे वो सामाजिक हो या धार्मिक हो, की जा सकती है। इसके अलावा अन्य देशों में पढ़ रहे अपने नाती-पोतो से बातचीत भी हो जाती है। वो घर बैठे विदेश घूम लेते हैं। बिज़नेस मैन अपने बिज़नेस के लिंक्स बढ़ा सकता है। देखा जाए तो हर किसी के लिए फ़ायदे का सौदा ही हैं ये साइट्स।

लेकिन हर सिक्के के दो पहलू होते हैं। इस्तेमाल करने की अक्ल नहीं हो तो अच्छी चीज़ भी बुरी बन जाती है। खाना कितना ही अच्छा हो, लेकिन ज़्यादा खाया तो हानि पहुंचाएगा। यही है डिजिटल मीडिया के साथ। यूं कह लें कि टेक्नोलॉजी का इस्तेमाल दोधारी तलवार पर चलने जैसा है।

सोशल मीडिया की ख़बरें :

मीडिया वालों के लिए खुद मीडिया वाले ही कहते हैं कि आक्रामकता, अहंकार और आवेश यह सब हमारे गहने हैं। लेकिन कभी-कभी ग़लत को सही तरीक़े से ग़लत कहना भूल जाते हैं। बेसब्री से ख़बर पर टूट पड़ना उनका

उत्साह है। इस समय वो अपने ज़िंदगी की सबसे बड़ी ख़बरों से गुज़र रहे हैं। कसर वे भी नहीं छोड़ रहे।

अब हमारे देश में 90 करोड़ से अधिक लोगों के हाथ में मोबाइल है। टीवी चैनल और अख़बार पढ़ने वालों की संख्या ही क्या कहें। और अब तो हर अख़बार का भी एप है। हर रास्ते से कोरोना की ख़बरें सैलाब बनकर घर में बैठे लोगों पर टूट पड़ीं इस दौर में। ख़बर में कितनी अफवाह है और कितनी सच्चाई इसकी उलझन भी बनी रही।

भारत में 40 करोड़ से ज़्यादा वाट्सएप यूजर हैं, 47 करोड़ से अधिक स्मार्ट फ़ोन यूज करते हैं, 23 करोड़ से ज़्यादा लोग यूट्यूब पर हैं, 11 से 20 करोड़ के बीच फ़ेसबुक का इस्तमाल करते हैं। अमेरिका के बाद यह सबसे बड़ी संख्या है।

ऐसे भारत में ख़बरों को किस्सा बनने में क्या देर लगी। जब कोई ख़बर किस्सा बनती है तो वह और ख़तरनाक होती जाती है।

इन साधनों से ख़बरों का शोर बढ़ा और शोर से भय भी बढ़ा, लेकिन यह तय रहा कि सोशल मीडिया और अन्य मीडिया इस समय लोगों की सांस का हिस्सा बन गए। मीडिया इस बात को लेकर पूरी तरह जागरूक था कि जीवन की क्षति और आर्थिक नुक़सान के संतुलन के सूत्र देशवासियों को कैसे सौंपे जाएं।

मीडिया के सामने चार तरफ़ से चुनौती का दौर रहा – राजनेताओं के निर्णय और प्रस्तुति, भीड़, कमज़ोर स्वास्थ्य व्यवस्था, संक्रमण के आंकड़े, साथ ही ग़रीबी के वे दृश्य जो सड़कों पर उतर आए। इन सबको समेटकर संपादित करना कोई आसान काम नहीं था।

चाहे लोग न्यूज-रूम में हों या फ़ील्ड में, दोनों ही स्थिति में न्यूज-रूम, वार-रूम बन गया और फ़ील्ड कुरुक्षेत्र था। जहां-जहां भी हमारे कोरोना योद्धा सेवादल अनूठे काम करते तब मीडिया घोषणा करता था कि अब सरकारी अव्यवस्था में देशभक्ति जीत रही है।

मीडिया ने लॉक-डाउन के बाद देश का दृश्य दिखाया है...

1. प्रभावित शहर अशांत होंगे।
2. गांव-कस्बे बेरोज़गारों से भर जाएंगे।
3. किसान और परेशान मिलेगा।
4. अर्थव्यवस्था के कारण लोगों की ख़रीदारी पर असर पड़ेगा।
5. छोटे व्यापार बंद हो जाएंगे।
6. बड़े व्यापार पहले ही ऑक्सीजन पर हैं और इनसे बड़ी संख्या में लोगों की रोजी-रोटी चल रही है।
7. लोग डिप्रेशन का शिकार हो जाएंगे और बुजुर्गों की देखभाल एक चुनौती होगी।
8. बैंकों के लोन का क्या होगा?
9. टैक्स कैसे भरेंगे?
10. पेंशन वाले लोग और अधिक परेशान होंगे।
11. रुपया संरक्षण मांग रहा है।
12. शिक्षा के क्षेत्र में ऑनलाइन प्रयोग होंगे।
13. संक्रमण का ख़तरा बरकरार रहेगा।

राष्ट्रीय सप्तपदी की तैयारी हो :

मीडिया समय-समय पर स्थिति बता रहा है। यह देश पर लगा ऐसा घाव है जिसे भरने में बहुत वक़्त लगेगा। इसलिए इस संघर्ष को कोई एक व्यवस्था नहीं निपटा पाएगी। सबको मिलकर काम करना होगा। जैसे एक व्यावहारिक सप्तपदी प्रधानमंत्री ने दी, वैदिक सप्तपदी है ही।

अब एक राष्ट्रीय सप्तपदी तैयार होनी चाहिए। लोकतंत्र के चार स्तंभ तो हैं हीं – विधायिका, कार्यपालिका, न्यायपालिका और मीडिया। इनके अलावा तीन और जोड़ना चाहिए। ये तीन नए होंगे – डिजिटल तकनीक, व्यापारी और जनता। जब ये सातों मिल कर काम करेंगे, तब काम पूरा होगा।

'देवी भागवत' से सीख

'देवी भागवत' के पांचवें स्कंध में महालक्ष्मी के प्रकट होने की एक कथा है। यह कथा बताती है कि कैसे जब सब मिलकर अपना-अपना सहयोग करते हैं, तो बड़ी से बड़ी बाधा भी दूर हो सकती है और सफलता मिल जाती है।

महिषासुर नाम के राक्षस ने देवताओं को परेशान कर रखा था। एक बार तो त्रिदेव यानी ब्रह्मा, विष्णु और शिव ने भी उससे युद्ध किया, लेकिन उसको वरदान प्राप्त था तो ये तीनों भी पराजित हो गए।

शंकरजी ने ब्रह्माजी से कहा कि इस महिषासुर को आपने ही वरदान दिया था कि यह किसी पुरुष से नहीं मरेगा। फिर विष्णुजी से पूछा गया कि कोई समाधान निकालिए। विष्णुजी ने कहा कि हम लोगों के भीतर जो-जो भी शक्ति है उसका थोड़ा-थोड़ा अंश यदि हम एकत्रित करें और सबकी शक्ति से मिलाकर यदि कोई देवी प्रकट हो, तो वो देवी महिषासुर को मार सकेगी।

तब ब्रह्माजी ने गंगा जल दिया और अपने शरीर से एक तेजपुंज प्रकट किया, विष्णुजी ने अपना चक्र दिया, शंकरजी ने अपना त्रिशूल भेंट किया, इंद्र, वरुण, कुबेर, यमराज, अग्नि सबने कुछ न कुछ दिया। एक परम सुंदरी प्रकट हो गई। वही महालक्ष्मी कहलाई।

शंकर का जो तेज था उससे मां भगवती का मुख बना, यमराज के तेज से सुंदर बाल बने, अग्नि के तेज से तीन नेत्र तैयार हुए, संध्या के तेज से सुंदर भौंहें बनीं, वायु के कारण दो कान तैयार हुए, कुबेर के तेज से नासिका और प्रजापति के तेज से दांत बने। इंद्र के तेज से मध्य भाग कटी बना, पृथ्वी के तेज से नितंब भाग, यमराज ने अपना कालदण्ड दे दिया और इस तरह से महालक्ष्मी देवी तैयार हो गई।

इन्होंने महिषासुर से युद्ध किया और महिषासुर मारा गया। इस कथा का सबसे बड़ा संदेश है कि आज कोरोना से

कोई एक व्यवस्था नहीं निपट पाएगी। अगर हम सप्तपदी की सात व्यवस्थाएं जोड़कर चलें तो हम सबके संयुक्त प्रयास ही इसकी पराजय है।

इसकी पराजय का अर्थ यह बिलकुल नहीं होगा कि यह समाप्त हो जाएगा। यह अपनी जगह चलेगा, लेकिन हम सीख जाएंगे कि इससे हमारी रक्षा कैसे की जाए। शायद इसको आदत बनाकर।

2. शिक्षा

शिक्षा : नए ढंग से पढ़ना – पढ़ाना

ये जो दौर आया, भारत में इसके होने का मिलाजुला असर नज़र आता है। किसी क्षेत्र में फ़ायदे नज़र आते हैं और किसी में नुक़सान। शिक्षा के क्षेत्र में क्रांति ले आया। जिस तरह से ऑनलाइन एजुकेशन का उपयोग हुआ यदि स्कूली शिक्षा में इसे परिपक्वता के साथ उतारें तो बहुत फ़ायदा होगा, क्योंकि कह नहीं सकते कि कोरोना के आक्रमण स्कूल खुलने तक किस रूप में होंगे।

लेकिन स्कूल के बच्चों को ऑनलाइन पर लाने से पहले संस्कार और परिष्कार पर सावधानी से काम करिए, वरना डिजिटल तकनीक बाल मन को ज़्यादा आहत करेगी और भटकाएगी। ई-क्लॉस रूम ऑनलाइन बन तो जाएंगे, लेकिन बच्चों को उसका उपयोग करने के लायक़ बनाना पड़ेगा।

परंपरागत शिक्षा का अच्छा विकल्प हाथ लगा है रिमोट शिक्षा। रिमोट और मोबाइल तो वैसे भी बच्चों के हाथ पहुंच चुके हैं। माता-पिता ने ना चाहा तो बच्चों ने ज़िद करके ये दोनों चीज़ें छीन लीं, तो क्यों ना इससे शिक्षा को जोड़ दिया जाए।

यह तो तय है कि सभी शिक्षण संस्थानों को अपने डिजिटल आर्किटेक्चर पर नए ढंग से काम करना होगा, क्योंकि इस आंकड़े पर विचार करिए कि 160 देशों में, बल्कि उससे अधिक देशों में लगातार चले लॉक-डाउन

के कारण डेढ़ सौ करोड़ युवा अपनी नियमित कक्षाओं में नहीं आए। यह अच्छा दृश्य नहीं है। ऑनलाइन कोर्स चाहे विश्वविद्यालय में हों या स्कूलों में, पूरी रचनात्मकता, लचीलेपन, शिक्षणकला और परख़ के साथ लागू किए जाएं। अन्यथा यह होगा कि करने गए थे अच्छा और हो गया उससे भी बुरा।

आर्टिफ़िशियल इंटेलीजेंस :

एक ख़तरा पिछले दिनों डिजिटल की दुनिया से आया। आर्टिफ़िशियल इंटेलीजेंस के परिणाम में रोबोट आए हैं। रोबोट कुछ जगह काम भी कर रहे हैं। रोबोट और बोट, बोट यानी ऐसे रोबोट जो सॉफ़्टवेयर के रूप में काम करते हैं। अचानक देखने में आया कि इनके पास कृत्रिम बुद्धिमत्ता या दिमाग़ आ गया। ये मनुष्यों की तरह सोचने लगे। यह बड़ा ख़तरा था। हालांकि टेक्नोलॉजी से जुड़ी बड़ी कंपनियों ने इसका खंडन किया है, लेकिन यदि रोबोट में इंसान की तरह सोचने की शक्ति आ गई तो वो इंसान से भी ज़्यादा ख़तरनाक होगा। संभवतः कोरोना जैसा ही।

'देवी भागवत' की सीख

डिजिटल टेक्नोलॉजी अगर युवाओं के हाथ में है, बच्चे ऑनलाइन कोर्स कर रहे हैं, एजुकेशन को डिजिटल बनाया जा रहा है तो अच्छी बात है। लेकिन इस तरह की पढ़ाई-लिखाई की शैली मनुष्य को अधीर भी बनाती है। इन दिनों बच्चे वैसे ही अधीर हैं, और अधिक अधीर हो जाएंगे। अधीरता में ये बच्चे अपना अहित कर लेते हैं। 'देवी भागवत' के नवम स्कंध की एक कथा अधीरता का परिणाम बताती है।

श्रीराम, सीता और लक्ष्मण जब वनवास काट रहे थे तो एक दिन राम ने एक पुरुष को देखा जो अग्नि देवता थे। श्रीराम ने पूछा आप यहां क्यों आए हैं। अग्नि देव ने कहा, "मैं आपका समय और ख़राब देख रहा हूं। आपकी सहायता के लिए आया हूं। आपका बुरा काल आपके आसपास मंडरा रहा है और इसमें सीता देवी का अपहरण होगा। मैं यह सहयोग करने आया हूं

कि आप मुझे सीताजी को दे दीजिए, मैं उनको अग्नि में सुरक्षित रखूंगा और एक छाया स्वरूप सीता आपको सौंप दूंगा। रावण उसी छाया स्वरूप सीता का अपहरण करेगा।"

श्रीराम ने ऐसा ही किया। यह बात लक्ष्मण नहीं जान पाए। रावण की मृत्यु के बाद जब छाया सीता को मुक्त कराया तो अग्नि देव ने अपने पास सुरक्षित सीताजी को लौटा दिया। उसी को अग्नि परीक्षा कहते हैं।

तब छाया सीता ने कहा, "अब मैं क्या करूं?" श्रीराम ने उनसे कहा, "आप तपस्या करिए। आप स्वर्ग लक्ष्मी बनेंगी और राजा द्रुपद के यहां आपका जन्म होगा।" उन्होंने शंकरजी की उपासना की। जब शंकरजी प्रकट हुए तो उन्होंने छाया सीता से कहा, "आप कुछ मांग लीजिए।" उतावलेपन में छाया सीता ने पांच बार पति मांग लिए।

(पतिं देहि पतिं देहि पतिं देहि त्रिलोचन। पतिं देहि पतिं देहि पंचवारंम् चकार सा।। अर्थात् वह पति प्राप्ति के लिए वर में बार-बार यही प्रार्थना करने लगी कि हे भगवान! मुझे पति प्रदान कीजिए। ऐसा उसने पांच बार कहा था।)

शंकरजी ने वर दे भी दिए कि आपको पांच पति मिलेंगे। यही छाया सीता अगले जन्म में द्रौपदी बनी, जिनके पांच पति हुए। यह कथा हमें संदेश दे रही है कि कभी अधीर नहीं हों। विद्यार्थियों को तो अधीर होना भी नहीं चाहिए।

इसे पूरे दौर में जब कोरोना किसी को नहीं छोड़ रहा, तो ऐसे में धैर्य बहुत बड़ा शस्त्र है। माता-पिता धैर्य रखें और अपने बच्चों को भी धैर्य रखना सिखाएं। अन्यथा द्रौपदी की तरह अधीरता में ग़लत निर्णय भी हो सकते हैं।

बचाव ही उपचार है

काढ़े के रूप में :

1. दिन में दो बार तुलसी-अदरक-कालीमिर्च का काढ़ा पिएं।
2. नींबू की चाय लें।
3. गर्म पानी में हल्दी और नमक का काढ़ा बनाकर लें।

कहानी काम की – विद्वत्ता

धनवान व्यक्ति का अगर धन चला जाए तो उसका सम्मान गिर सकता है, पर विद्वान का सबसे बड़ा धन तो उसकी विद्वत्ता, उसका ज्ञान है। उस ज्ञान को यदि बचाकर रखें तो वह पूरी ज़िंदगी सम्मान पाएगा। दुनिया के किसी भी कोने में, किसी भी स्थिति में चला जाए, उसकी विद्वत्ता पूजी जाएगी।

इक्ष्वाकु वंश में त्र्यरुण नाम के एक बड़े वीर ब्राह्मण हुए। विद्वान भी थे, राजा विद्वान हो, ऐसा कम देखने में आता है। ख़ज़ाना भरा हुआ था। महाराजा त्र्यरुण के यहां लक्ष्मी और सरस्वती एक साथ रहती थीं। ऐसा कहते हैं कि ये दोनों एक साथ कम ही रहती हैं, पर यहां थीं।

महाराजा त्र्यरुण ने राज-काज अच्छा चले, कभी कोई विद्वत्ता की बात आए तो इसके लिए अपनी मंत्रिपरिषद में एक विद्वत परिषद बनाई थी, जिसमें विद्वान लोग शामिल होते थे और कभी-कभी गंभीर मामलों में राजा को सलाह देते थे। उस परिषद में एक मंत्री थे जो ऋषि थे और नाम था वृष। राजा तो अद्भुत थे ही, उनके पुरोहित और सलाहकार के रूप में वृष भी विद्वान थे।

त्र्यरुण के क्षत्रिय पराक्रम के कारण उनका राज्य बढ़ रहा था और जो अलौकिक शक्ति पुरोहित वृष में थी, वह भी राज्य की रक्षा में मददगार थी। सबकुछ ठीक चल रहा था। एक दिन राजा त्र्यरुण ने विचार किया कि मेरे आसपास बहुत छोटे-छोटे राज्य हैं और ये लोग आपस में लड़ते रहते हैं। युद्ध-हिंसा कैसी भी हो, बुराई है। मुझे इसे रोकना चाहिए। तो क्यों ना मैं इन छोटे-छोटे राज्यों को एक सूत्र में बांध दूं, इनके भीतर एक राष्ट्र की कामना, एक राष्ट्र का भाव पैदा कर दूं? इन सबको जोड़ने के लिए ज़रूरी है दिग्विजय।

पुरोहित वृष को बुलाया और उनके सामने अपना विचार रखा। पुरोहित ने कहा, "बात तो ठीक है। आप दिग्विजय करिए। जो राजा आपकी बात माने उसे जोड़ते चलिए, जो नहीं माने उससे युद्ध करके पराजित करिए।" राजा त्र्यरुण ने कहा, "आप हमारे पुरोहित हैं और रथ चलाने में बहुत दक्ष हैं। तो आप मेरे सारथी बन जाइए।"

वृष सारथी बन गए तो राजा भी निश्चिंत हो गए कि अब मुझे मार्गदर्शन भी मिलता रहेगा और कुशल सारथी के कारण मैं कई आक्रमणों से बच भी जाऊंगा। चार तरह की सेना होती थी उस समय। हाथी, घोड़े, पैदल और रथ। यह चतुरंगिणी सेना निकल पड़ी दिग्विजय को।

जो पुरोहित वृक्षों की छाल या साधारण वस्त्र पहनते थे, वो भी वीर-क्षत्रिय वेश में थे। राजाओं को सूचना दी गई। कुछ राजा जो अपने बल पर अहंकार करते थे, उन्होंने तो युद्ध किया, पर अधिकांश ने त्र्यरुण की बात मान ली। राजा ने आक्रमण के बाद, उनको पराजित करने के बाद किसी की संपत्ति को नहीं छुआ। उनको समझाया कि हम सब एक राष्ट्र बन जाएं। भाई-भाई की तरह रहें। राजा जीतते गए और एक राष्ट्र बन गया।

सबमें एक राष्ट्र की भावना पैदा कर, सबको एक कर त्र्यरुण अपने राज्य में वापस आ गए। चारों ओर उनकी जय-जयकार होने लगी, ख़ूब आनंद बरस रहा था और अचानक एक घटना घट गई। वापसी में एक छोटा-सा ब्राह्मण बालक राजा के रथ के पहिए के नीचे आकर मृत्यु को प्राप्त हो गया।

प्रजा दो भाग में बंट गई। कुछ लोग राजा के पक्ष में थे और कुछ कहने लगे बालक की मृत्यु रथ के पहिए में दबकर हुई है तो हत्या का अपराध आपसे हुआ है। राजा ने कह दिया मैं तो राजा हूं, अगर ऐसा ही है तो ग़लती सारथी की है। और बात आ गई विद्वान पुरोहित वृष पर। उन्होंने कहा, "रथ कोई भी चलाए, जैसे जीत का सेहरा राजा के सिर पर बांधा जाता है, वैसे ही इस दुर्घटना के दोषी भी राजा ही होंगे।" प्रजा में से अधिकांश लोगों ने राजा का पक्ष लिया और एक विद्वान को अपराधी ठहरा दिया।

वृष तो विद्वान थे। बड़े दुखी हो गए। मौन धारण कर लिया और राज्य छोड़कर चले गए। उनके जाने के बाद राज्य में बड़ी विपरीत स्थिति निर्मित हो गई। अकाल पड़ गया। तब राजा को ध्यान आया। दूत भेज वृष

को बुलाया और उनसे क्षमा मांगी। बार-बार कहा, "मैंने राजा होकर भूल की। मैं आपका ऋणी हूं। आप मेरे यहां रहिए।" पुरोहित बोले, "जब आप प्रायश्चित कर रहे हैं, तो मैं आपके साथ हूं।"

विद्वत्ता का अर्थ यही होता है। यदि कोई अपनी भूल का प्रायश्चित करे तो उसकी मदद की जाए, उसका साथ दिया जाए। आज हम सबके भीतर जो विद्वत्ता है, वह अब काम आना चाहिए। कहीं न कहीं हमसे भूल हुई है। एक ऐसी चेन बन गई है कि कोरोना की महामारी ने हम पर आक्रमण किया है। इससे निपटने के लिए सबसे अच्छा प्रायश्चित है अपने घरों में रहना, बाहर निकलने पर सोशल डिस्टेंसिंग का पालन करना, सुरक्षित रहना और ऑनलाइन शिक्षा पद्धति का इस्तेमाल विवेकपूर्ण हो कर करना और बच्चों को सिखाना।

मार्मिक दृश्य

मिट्टी में मिल जाने का सम्मान भी मार देता है...

कोरोना वायरस की चपेट में आकर जान गंवाने वाले स्वर्ण मंदिर के पूर्व रागी पद्म ज्ञानी निर्मल सिंह ने 10 मार्च को रामपुर गुरुद्वारा गुरुनानक दरबार में आयोजित कार्यक्रम में भाग भी लिया था। लगभग दो घंटे तक कीर्तन किया था; उसके बाद वो कोरोना पॉज़िटिव पाए गए। उन्हें वेंटिलेटर पर रखा गया था फिर उनका निधन हो गया। अंतिम संस्कार को लेकर ग्रामीण और प्रशासन में विरोधाभास हुआ, क्योंकि गांव के लोगों का कहना था कि दाहसंस्कार से उड़ने वाली राख़ गांवों में गिरेगी, जिससे उन्हें भी संक्रमण हो सकता है। फ़तेहगढ़ के शुक्रचक गांव में पंचायती ज़मीन पर उनका अंतिम संस्कार किया गया।

कैसी जीवन की विडंबना है इस कोरोना काल में मानव के जीवन भर के कर्म भी गौण हो गए, वे सिख पंथ के प्रमुख प्रचारकों में से थे और 1979 में अमृतसर स्थित श्री हरिमंदिर साहिब के हुजूरी रागी बने थे। 2009 में वह पद्मश्री सम्मान से भी सम्मानित किए जा चुके हैं। जीवन काल में जिनकी आवाज़ से शबद कीर्तन के स्वर से वातावरण शुद्ध होता रहा, जब उनका अंत हुआ तो गांव वालों ने उनकी राख़ से संक्रमण के ख़तरे की आशंका जताकर श्मशान घाट में अंतिम संस्कार तक नहीं करने दिया।

5

ग़रीबी

प्रधानमंत्री मोदी की व्यावहारिक सप्तपदी, सात वचनों में से पांचवां है कि जितना हो सके उतना ग़रीब परिवारों की देख-रेख करें, उनकी भोजन की आवश्यकता को पूरा करने की कोशिश करें।

मोदी ने अपने उद्बोधन में कहा था कि भारत मेरा बहुत बड़ा परिवार है। भारत के ग़रीबों को उन्होंने अपने परिवार का सदस्य तो बना लिया, बता दिया। यह संतोष की बात हो सकती है, लेकिन चिंता अपनी जगह वैसी ही बनी हुई है। ग़रीब, ग़रीब ही रहा और, बल्कि कई जगह भिखारी होने को मजबूर हो गया। भले ही वह प्रधानमंत्री के परिवार का बताया गया है।

इंडिया, भारत और ग़रीब भारत :

कोरोना की आंधी इतनी तेज़ चली कि तूफ़ान बन गई और पता ही नहीं लगा और इसमें कुछ चीज़ें ढंकी हुई थीं वो उजागर हो गईं। जो दृश्य सामने आए वो बहुत कष्टकारी थे। जिन नामों से हम देश को पुकारते रहे वो हमारा देश तीन भागों में बंटा हुआ दिखने लगा - इंडिया, भारत और ग़रीब भारत।

इंडिया वाले वो लोग हैं जो समर्थ हैं, समृद्ध हैं और उनके पास अभी से योजनाएं तैयार हो गईं कि आगे अपनी समृद्धि को कैसे बढ़ाना या कम होने से कैसे रोकना है। ये रहने में देशी और सोच में विदेशी हैं। इन्हीं की हवाई यात्राओं से आया वायरस पैदल चलने वालों में समा गया। वो इस आघात को सह भी लेंगे।

85

दूसरा वर्ग है भारत वाले। इनका उत्साह, इनकी ऊर्जा को हमारे राजनेता किसी भी दिशा में मोड़ सकते हैं। ये वक्त आने पर ताली, थाली बजा देंगे, दीये जला देंगे। आपके लिए सेवा के क्षेत्र में कूद पड़ेंगे। इस दूसरे वर्ग के भारतवासियों को किसी राजनीतिक दल से जुड़े रहने का या किसी राजनेता से जोड़कर एक उन्माद पैदा कराकर कुछ भी कराया जा सकता है। यह वह वर्ग है जो इसे भगवान की लीला मानकर स्वीकार कर लेगा, लेकिन सबसे ज़्यादा पीड़ा में ग़रीब भारत वाले हैं। इस देश ने पहली बार इनका सामूहिक दर्शन किया। इन्हें अभी लोग प्रवासी मजदूर के नाम से पुकार रहे हैं। इनमें ग़रीब, भूखा, बीमार, गंदा, भद्दा सब शामिल है।

इस घटना ने हमें अपने एक ही देश में तीन तरह के देश दिखा दिए। अब इन तीनों को बचाने के लिए, ख़ासतौर पर तीसरे वर्ग को बचाने के लिए एक सामूहिक करुणा का अवतरण कराना पड़ेगा जिसे कहते हैं – कल्याण की भावना। हमारे यहां शिव को कल्याण का देवता माना गया है। इसलिए इस अध्ययन में हम 'शिव पुराण' के आधार पर समझेंगे।

वैदिक सप्तपदी का पांचवां मंत्र है :

प्रजा पालन की पांचवीं साक्षी :

ओ३म् पंचमे पंचभूतानां, पंचप्राणैः परायणाः।
तत्र दशर्नपुण्यानां, साक्षिणः प्राणपंचधाः।।

पांचवां चरण –

ओ३म् प्रजाभ्यां पंचपदी भव सा मामनुव्रता भव।
विष्णुस्त्वानयतु पुत्रान् विन्दावहै, बहूँस्ते सन्तु जरदष्टयः।। 5 ।।

इसमें वर वधू से कहता है कि आज के बाद तुम्हारा परिवार भी मेरा है और वधू कहती है तुम्हारा परिवार मेरा हो गया। कुल मिलाकर परिवार का विस्तार हुआ और बड़े परिवार में सब एक होकर रहेंगे, प्रेम से रहेंगे।

इस कठिन दौर में मोदी जी ने दावा तो कर दिया कि यह ग़रीब वर्ग मेरा परिवार है, लेकिन इसके सच्चे दृश्यों को देखना भी बहुत ज़रूरी है।

ग्रंथ परिचय – 'शिव पुराण'

'शिव पुराण' परिवार केंद्रित ग्रंथ है। भगवान शिव सबके कल्याण की सोचते हैं। 'शिव पुराण' भी वेदव्यास जी द्वारा लिखा गया ग्रंथ है। एक परिवार के मुखिया के मुखिया की तरह शिव त्याग, तपस्या, वात्सल्य तथा करुणा की मूर्ति हैं। इतने बड़े इस ग़रीब प्रवासी मजदूरों के परिवार को बिना कल्याण की भावना के हम लोग नहीं तार पाएंगे।

1. भारत की (अ)व्यवस्थाएं कोरोना के दौर में

कोरोना के दौर में हमारे देश के सामने इस समय एक बड़ा सवाल आया है – जीवन बचाएं या जीविका। दोनों के पक्ष में अपने-अपने तर्क हैं। बहुत सारे समर्थ देशों ने जीवन को दांव पर लगा दिया और कह दिया कि ज़िंदगी के मामले में लोग अपना निर्णय लें। ये सभी देश अर्थतंत्र बचाने में अधिक रुचि ले रहे हैं।

भारत संतुलन का रास्ता अपना रहा है, लेकिन सवाल यह है कि संतुलन कितना सार्थक हो रहा है? भारत के सामने चुनौतियां इसलिए भी बड़ी हो जाती हैं कि कोई भी एक समाधान आप निकालिए उसके साथ दूसरी समस्या भी चली आती है। इसका कारण है जो हमने देश का वर्गीकरण नाम के अनुसार किया है। इंडिया, भारत और ग़रीब भारत।

हालांकि सोशल डिस्टेंसिंग, हमारे लिए यह बहुत अच्छा उपचार है, समाधान है और आवश्यक है। लेकिन करेंगे कैसे? हमारे देश में कई छोटे-बड़े धारावी हैं। पांच लाख की बस्ती है धारावी। कैसे होगी सोशल डिस्टेंसिंग। डब्ल्यूएचओ के मुताबिक एक व्यक्ति को रहने के लिए कम से कम 20 वर्गफ़ीट जगह चाहिए, लेकिन हमारे देश में दस वर्गफ़ीट के कमरे में पांच-छह लोग रह रहे हैं। ऊपर से सीमित सार्वजनिक शौचालय। बाकी प्रवासी मजदूर और आ गए खुली छत के नीचे।

जो सबसे बड़ा समाधान सोशल डिस्टेंसिंग है उसको लागू करने में समस्या आएगी। इधर बेरोज़गारी का स्तर बढ़ गया। अगर लॉक-डाउन ऐसे ही चला तो बेरोज़गारी और बढ़ सकती है। वैश्विक संगठनों ने और

हमारे रिज़र्व बैंक ने भयंकर बेरोज़गारी और अर्थव्यवस्था की स्थिति में भारी गिरावट की संभावना व्यक्त की है।

कृषि प्रधान देश के सामने चुनौती :

देश की 60 प्रतिशत आबादी कृषि पर निर्भर है। रबी की फ़सल की कटाई का दौर गुज़रा। ख़रीफ़ की किसानों को तैयारी करना है। यह कोरोना ऐसे वक्त आया है। किसानों की समस्या फ़सल काटना उतनी ज़्यादा बड़ी नहीं है, जितना उत्पादन को ठीक समय पर ठीक लागत में बेचना। देश का बड़ा भाग कृषि और उससे संबंधित कार्यों से अपनी जीविका हासिल करता है। कृषि पर आश्रित लोगों में आधे से ज़्यादा वो हैं, जिनके पास अपनी कोई भूमि नहीं है।

कृषि कार्यों से यदि उनको मजदूरी नहीं मिली तो भुखमरी की नौबत आ सकती है। इसके बाद सरकार के सामने सबसे बड़ी चुनौती है कि औद्योगिक इकाइयों को कैसे समय रहते चालू किया जाए। इधर, बीमारी ठहरने का नाम नहीं ले रही। जैसे-जैसे जांच का दायरा बढ़ता जा रहा है संक्रमण के मामले अधिक निकलकर आ रहे हैं। सोचने वाली बात यह है कि कैसे एक छोटा सा वायरस चीन से चला जो दुनिया भर की अर्थव्यवस्था को भी हिला गया।

जीवन का एक रंग ऐसा भी है...

कोरोना दौर में यातायात के सभी साधन बंद रहे, एक शहर से दूसरे शहर की यात्रा मुमकिन नहीं। दृश्य ऐसा रहा कि किसी और राज्य का ग़रीब मजदूर किसी और राज्य में फंसा हुआ है, और कुछ राज्य धीरे-धीरे लड़ने लगे हैं कि दूसरे राज्य के ग़रीब मजदूर को हमारा राज्य क्यों खिलाए। कुछ राज्य नदी के पानी को पाने के लिए तो लड़ ही रहे थे। अब प्रवासी मजदूरों के लिए, उनकी ज़िम्मेदारी उठाने के लिए उलझ रहे हैं। ये जानते हुए भी कि यह सामूहिक ज़िम्मेदारी निभाने का वक्त है, क्योंकि यह मजदूर एक राज्य में कमाता था और दूसरे राज्य में अपने घर भेजता था। इन प्रवासी मजदूरों का अर्थशास्त्र बड़ा संयुक्त है और विचित्र भी।

इसी के साथ एक ख़तरा और बना हुआ है मुनाफ़ाखोरी का। कालाबाज़ारी करने वाले लोग बाज नहीं आते। इन्होंने महंगे मास्क बेचे, नक़ली सेनिटाइजर चलाए, दवाओं का धंधा किया और यही लोग अब अन्न के क्षेत्र में भी उतर आए हैं। ये भ्रष्टाचार, स्वार्थ और कालाबाज़ारी इस भयावह दौर में भी थमने का नाम नहीं ले रही, भारत में यह बिंदु विचार करने योग्य है।

'शिव पुराण' की सीख

'शिव पुराण' की विघ्नेश्वर संहिता में विष्णु जी और ब्रह्मा जी के विवाद का एक प्रसंग आता है। यह कथा हमें बताती है कि जब व्यवस्था के अलग-अलग स्तंभ आपस में उलझते हैं, स्वार्थ में डूबते हैं, भ्रष्ट आचरण करते हैं तो फिर कोरोना का मुक़ाबला बड़ा मुश्किल हो जाता है।

विष्णु जी एक बार सो रहे थे और ब्रह्मा जी वहां पहुंचे। रजोगुण से मुग्ध होकर दोनों में विवाद होने लगा। झगड़ा था, "मैं श्रेष्ठ हूं।"

लोगों को अपने गुणों का भी अभिमान हो जाता है और वह तब दूसरों में दोष देखने लग जाता है। ऐसा ही यहां हो रहा था। ब्रह्मा और विष्णु में युद्ध हो गया।

विष्णु ने माहेश्वर अस्त्र निकाला, ब्रह्मा ने पाशुपतास्त्र निकाला। इस युद्ध ने ब्रह्माण्ड को हिला दिया। देवता एकत्रित होकर शंकर जी के पास पहुंचे और उन्होंने कहा कि अगर इनका युद्ध ऐसे ही चलता रहा तो सब समाप्त हो जाएगा। तब शिव जी इन दोनों के बीच आए तथा एक महाअग्नि स्तंभ की आकृति ली और प्रकट हो गए। उस अग्नि स्तंभ को देखकर विष्णु और ब्रह्मा लड़ना छोड़कर चौंक गए।

दोनों में तय हुआ, इसकी परीक्षा ली जाए और जो इसके रहस्य को जान लेगा वो श्रेष्ठ होगा। विष्णु जी ने शूकर (सुअर) का वेश धारण किया और उस अग्नि स्तंभ में नीचे से प्रवेश कर गए। ब्रह्मा जी ने हंस का रूप धरा और ऊपर से प्रवेश कर गए।

इन दोनों को अग्नि स्तंभ का कोई छोर नहीं मिला। उसका रहस्य प्राप्त नहीं कर पाए। विष्णु जी थक गए और हार मानकर लौट आए।

ब्रह्मा जी ने सोचा कि रहस्य तो मुझे भी नहीं मिला है, लेकिन मैं हार नहीं मानूंगा। वहां उनको केतकी नाम का पुष्प मिला। उन्होंने कहा, "मैं बाहर जाकर कहूंगा कि मैंने रहस्य पा लिया और तुम मेरे पक्ष में गवाही दे देना।" ब्रह्मा जी ने तो केतकी से कहा कि आपदा में तो झूठ बोलने में दोष नहीं होता।

ब्रह्मा जी ने बाहर आकर कहा कि मैंने रहस्य पा लिया तो विष्णु जी ने अपनी गर्दन नीचे करके अपनी हार मान ली, लेकिन शिव जी ने ध्यान लगाकर जब देखा तो दृश्य दूसरा था। ब्रह्मा जी का झूठ पकड़ा गया।

शिव ने विष्णु जी को आशीर्वाद दिया कि आपकी सर्वत्र पूजा होगी। उन्होंने ब्रह्मा जी का पांचवां सिर काट दिया और शाप दिया कि संसार में आपकी पूजा नहीं होगी, कहीं भी मंदिर नहीं होंगे। इसलिए ब्रह्मा जी का भारत में एक मंदिर राजस्थान के पुष्कर में है तथा दूसरा राजस्थान के ही बाड़मेर जिले के गांव आसोतरा में है। इस मंदिर का निर्माण ब्रह्म ऋषि संत खेतारामजी महाराज ने करवाया था।

विष्णु जी ने शिव जी से कहा कि ब्रह्मा जी को आप क्षमा कर दें। शिव जी ने कहा ठीक है जहां यज्ञ होंगे वहां के गुरू ब्रह्मा जी माने जाएंगे। उसके बाद शिव के दाएं हिस्से में ब्रह्मा जी स्थापित हो गए और बाएं हिस्से में विष्णु जी स्थापित हो गए। यह शिवरात्रि का पर्व माना गया।

हमें यह कथा बता रही है कि कैसे लोग स्वार्थ और अहंकार में टकराते हैं और एक अच्छी व्यवस्था ध्वस्त हो जाती है। हमें कोरोना से लंबी लड़ाई लड़नी है। यहां विष्णु और ब्रह्मा दो ऐसे पात्र हैं जो अपने उद्देश्य से भटककर पूरी व्यवस्था को नुकसान पहुंचा रहे थे। शिव ने आकर यानी कल्याण की वृत्ति ने इन दोनों को सही मार्ग दिखाया।

2. ग़रीबी : ये घिसटता भारत

जब एक वायरस से पूरी दुनिया की अर्थव्यवस्था लड़खड़ा रही है, यह तो तय हो गया है कि अब भारत में ग़रीब लोगों की संख्या बढ़ेगी और 90 करोड़ से ऊपर चली जाएगी। इस कोरोना के कारण भारत के एक दूसरे वर्ग के सुविधा संपन्न नागरिकों को प्रवासी ग़रीब मजदूरों के रूप में एक नए भारत के दर्शन हुए।

हम और हमारी नई पीढ़ी शायद जान ही नहीं पाते कि हमारे भारत का एक चेहरा ऐसा भी है। बिखरे-बिखरे चौराहों पर चलते, कच्ची बस्तियों में तो हमने इन लोगों को कई बार अपने आसपास देखा, पर सामूहिक रूप से देखकर किसी भी संजीदा व्यक्ति की आत्मा आहत हो रही होगी। ये वो लोग हैं जो सामाजिक सीढ़ी के किसी भी पायदान पर नहीं दिखते।

हमारे देश में एक वर्ग ऐसा है जो कूड़ा बीनने वाला है, जो जूठन ही खाता है। लॉक-डाउन के समय जब कूड़ा बाहर फिकना बंद हो गया, वैवाहिक और सामाजिक कार्यक्रम बंद हो गए तो इनके सामने भुखमरी की नौबत आ गई। क्या हम इस दृश्य पर विचार कर सकते हैं? कितना भयानक दृश्य है यह। इनमें से कुछ लोगों के पास तो जाने के लिए अपना गांव भी नहीं है। गांव तो बहुत दूर की बात है सर पर छत तक नहीं है।

एक पीढ़ी भारत में ऐसी पैदा हो गई जिसका ना अपना शहर है, ना गांव है, ना अपना कोई ठिकाना है। लावारिस और भूखे रहना इनकी नियति है।

कोरोना से संघर्ष की अवधि में क्वारंटीन के दौरान दिल्ली के शेल्टर होम्स के बेघरों ने, भिखारियों और मजदूरों ने पुलिस पर पथराव किया और आग लगाई। ऐसे दृश्य सामने आ गए। मजदूर और भिखारी का फ़र्क़ है और इस समय ये दोनों एक ही जगह रख दिए गए हैं। लिहाजा हुआ यह कि मजदूर से ग़रीब हुए और ग़रीब से दोनों भिखारी हो गए। मजदूर तो हमारे देश में बड़े से बड़ा व्यापारी भी है। वो बड़ा मजदूर है, पर ग़रीब नहीं है।

लॉक-डाउन जैसे-जैसे आगे बढ़ता रहा, ख़तरा भी बढ़ता रहा। इन्हें अपना घर, अपना गांव खींच रहा है। चूंकि अब ये लोग फंस चुके हैं तो फंसे रहने की जो तड़प है वो अब आवेश-आक्रोश बनकर निकल रही है। जो कब अपराध में बदल जाएगी पता नहीं चलेगा।

इन सबके बीच बना हुआ है सामुदायिक प्रसार का ख़तरा। भारत का आबादी घनत्व चीन से 3 गुना है, अमेरिका से 13 गुना है और ऑस्ट्रेलिया से 113 गुना है। यहां तीन में से दो व्यक्ति गांव में रहते हैं। उनमें से अधिकांश निर्धन हैं। इसलिए यह नहीं भूलना चाहिए कि इस वर्ग को सोशल डिस्टेंसिंग की व्यवस्थित ट्रेनिंग देनी ही होगी। वे अलग-थलग महसूस नहीं करें तो उनको जहां भी रखा गया है, उस आश्रय में जो भी उनकी गरिमा है वो बचना चाहिए। अगर ये संगठित हो गए तो इनका आवेश अपराध बनेगा और ये लोग समझ नहीं पाए तो सोशल डिस्टेंसिंग की हत्या कर देंगे। भारत के सारे प्रयास ध्वस्त हो जाएंगे। हम जीतते हुए भी हार जाएंगे।

इन्हें सम्मान से रोका जाए, वरना ये गांव पहुंचकर रोग फैला देंगे। कोरोना रोग के सामने ग़रीबी का रोग फैल जाएगा और नतीजा होगा भुखमरी, अपराध। हम कैसे-कैसे मोर्चों पर, किस-किस परेशानी से निपटेंगे, क्योंकि ये मंज़र कोरोना से भी अधिक भयावह होगा।

'शिव पुराण' की सीख

शिव कल्याण के देवता हैं। हमारे यहां पांच देव हैं – गणेश, सूर्य, दुर्गा, विष्णु और शिव।

और शिव पंच देवों में प्रधान माने गए हैं। वेदों ने शिव को परम तत्व, अव्यक्त, अजन्मा और सबका कारण माना है। कल्याण के रूप में इनके लिए कहा गया है कि ये सृष्टा भी हैं, पालक भी हैं और संहारक भी हैं। शास्त्रों में लिखा है कि देव-दनुज, ऋषि-महर्षि, योगेंद्र-मुनींद्र, सिद्ध-गंधर्व और ब्रह्मा-विष्णु भी इनकी उपासना करते हैं। शिव से जुड़ने का मतलब कल्याण की वृत्ति अपने भीतर उतरना।

कल्याण की वृत्ति यानी आज के दौर में वेलफ़ेयर की समझ और भाव बहुत आवश्यक है। अगर देश के भले के लिए, ग़रीबों के हित के लिए हमको विषपान करना पड़े, कष्ट उठाना पड़े तो उठा लेना चाहिए।

जब समुद्र मंथन किया जा रहा था तो एक तरफ़ देवता खड़े थे और दूसरी तरफ़ दैत्य थे। दैत्यों से देवता युद्ध में पराजित हो रहे थे। विष्णु जी ने कहा था समुद्र मंथन करो उसमें से अमृत निकलेगा। देवता अमृत पी लेंगे तो युद्ध में दैत्यों से मरेंगे नहीं, लेकिन अमृत मंथन अकेले नहीं हो सकता, दैत्यों को साथ में लेना पड़ेगा।

विष्णु ने कहा था कि बड़ा काम करना हो तो शत्रु से भी मित्रता कर लेना चाहिए। समुद्र मंथन में 14 रत्न निकले। सबसे पहले निकला था कालकूट नाम का हलाहल। इतना भीषण विष था कि सारा ब्रह्माण्ड जलने लगा। देवता विष्णु के पास गए और कहने लगे कि आप तो कह रहे थे कि अमृत निकलेगा, यहां तो विष निकल आया। विष्णु ने कहा, "अमृत प्राप्त करने के लिए पहले विषपान करना पड़ता है।" जीवन में कोई सुख बिना दुख के नहीं आता। कुछ पीड़ा उठाना पड़ती है, तब सुविधा मिलती है।

प्रश्न यह है कि इस विष का करें क्या? विष्णु ने देवताओं से कहा, "इस विष को एक ही व्यक्ति ग्रहण कर सकता है और वो हैं शंकर।" सब देवता कैलाश पहुंचे। शिव जी अपनी पत्नी सती के साथ बैठे हुए थे। देवताओं को देखकर शंकर ने कहा कि आप कैलाश पर्वत किस लिए आए, मैं आपकी क्या सेवा कर सकता हूं। देवताओं ने बताया, "समुद्र मंथन से विष निकला है। आप पी जाएं।" शिव जी ने अपनी पत्नी सती की ओर देखा और पूछा, "तुम कहो तो विष पी जाऊं। ये देवता मेरे अतिथि हैं। इन्हें ख़ाली हाथ लौटाना ठीक नहीं है।"

सती जी सोचने लगीं यह क्या बात हुई। ठीक बात है कि कोई पति अपनी पत्नी से पूछे कि मैं विष पी लूं? तो क्या वो पीने का कहेगी। सती जी ने शिव जी से कहा, "पूछ तो आप ऐसे रहे हैं जैसे सारे काम मुझसे पूछकर करते हो। करोगे तो वही जो आपके मन में आएगा।"

उस भीषण विष को जैसे ही शिव जी ने पीया तो वह विष इतना तीक्ष्ण था कि एक समय शिव जी को लगा कि यदि बाहर निकाला तो संसार का अहित होगा और भीतर उतारा तो मेरा नुक़सान है। शिव ने विष को अपने कंठ में अटका लिया।

विष के कारण शिव का कंठ नीला हो गया इसलिए शिव का एक नाम नीलकंठ भी पड़ा। जब रात्रि को शिव जी को पीड़ा, जलन हुई तो उन्होंने अपनी पत्नी सती से कहा कि मेरे ऊपर जल का अभिषेक कर दो, धतूरे और भांग का लेप कर दो, इससे मुझे शीतलता मिलेगी।

इसीलिए आज भी हम शिव जी को जलांजलि अर्पित करते हैं, उन्हें जल चढ़ाकर धन्यवाद अर्पित करते हैं कि आपने एक दिन हमारे हित के लिए विषपान किया था।

बस, आज संसारभर की शिवभक्ति यह घोषणा करे कि हम विषपान करेंगे। विषपान का अर्थ है हम सहन करेंगे, हम संकट का सामना करेंगे तथा उन लोगों की मदद करेंगे जो कमज़ोर हैं और देश को कोरोना के विरुद्ध मजबूत करेंगे।

यह कल्याण की भावना कोरोना के विरुद्ध हमारा एक शस्त्र होगी।

बचाव ही उपचार है

1. इम्युनिटी बढ़ाने वाले लड्डू और चूरमे का सेवन (बादाम, नारियल, हल्दी, गुड़, घी वाले)।

2. रात को सोते वक़्त गुनगुने दूध में हल्दी डालकर सेवन।

3. जड़ी बूटी गिलोय का सेवन – इसमें मौजूद एंटी ऑक्सीडेंट मुक्त रोगाणुओं से रक्षा करते हैं।

कहानी कहती है –

आज्ञा मानना एक सद्गुण :

किसी की भी आज्ञा मानना एक बहुत बड़ा सद्गुण है। फिर वह आज्ञा गुरू की हो सकती है, माता-पिता की हो सकती है और यदि सुन सकें तो परमात्मा भी आज्ञा देता है। राजा की आज्ञा हो सकती है, क़ानून-व्यवस्था की आज्ञा हो सकती है। कुल मिलाकर आज्ञा पालन करना एक बहुत अच्छी आदत है।

हमारे देश में एक राज आज्ञा चल रही है कि कोरोना महामारी से बचने और समाज को बचाने के लिए अपने आपको घर में समेट लें। एकांत साधें। सोशल डिस्टेंसिंग का पालन करें। जहां सहायता करने में सक्षम हो वहां सेवा कीजिए।

'कठोपनिषद' की एक कहानी है

उद्दालक नाम के एक ऋषि थे। एक बार उन्होंने विश्वजीत यज्ञ किया। इस यज्ञ में करने वाले के पास जो कुछ भी होता है, वह सब दान करना पड़ता है। तो ऋषि को भी उनके पास जो धन, गायें थीं, सब दान करना था।

उद्दालक के पुत्र का नाम था नचिकेता। वह बहुत गंभीर, समझदार, विचारवान और योग्य बालक था। पिता जब दान कर रहे थे तो नचिकेता ने देखा कि पिता उन गायों को दान कर रहे हैं जो बूढ़ी हो चुकी है, कमज़ोर है और ये जब किसी के पास जाएंगी उसे कुछ लाभ तो होगा नहीं, उल्टी बूढ़ी गायों को पालने की ज़िम्मेदारी बढ़ जाएगी। तो ऐसे दान से क्या मतलब? ऐसा दान करने से तो मेरे पिता को पाप लगेगा।

नचिकेता ने सोचा कि पिता के पास जाकर उन्हें सावधान करूं। उस वक़्त उद्दालक कई लोगों से घिरे हुए थे तो, क्योंकि दान कर रहे थे। बेटे ने धीरे से पिताजी को समझाने का प्रयास किया कि ऐसी गायें दान में मत दीजिए। लेकिन पिता उसकी बात ढंग से नहीं सुन सके, ना समझ सके, क्योंकि भीड़-भाड़, शोर बहुत था।

कई बार ऐसा होता है। शोर में सही बात भी दब जाती है। तब नचिकेता ने ज़ोर से बोलते हुए कहा, "पिताजी, आप संपत्ति ही दान करना

चाह रहे हैं तो मैं भी आपकी संपत्ति हूं। मुझे भी दान कर दीजिए।”

पिता को नचिकेता की बात पर क्रोध आ गया और पूछा, “तू ऐसा क्यों कह रहा है?” तो वो बोला, “पिताजी, यदि आप मुझे किसी को दान में देंगे तो मैं कम से कम उसके काम तो आऊंगा। ये बूढ़ी गायें लेकर कोई क्या करेगा? दान देना ही है तो ऐसा दीजिए जो किसी के उपयोग में आ सके।”

ऋषि उद्दालक का क्रोध बढ़ गया। झल्लाकर पुत्र से कह दिया, “जा मैं तुझे मृत्यु को दान करता हूं।” पिता ने बेटे को मृत्यु को दान करने का संकल्प ले लिया।

पिता उद्दालक ने कभी सोचा भी नहीं था कि मेरे मुंह से पुत्र के प्रति ऐसे शब्द निकल जाएंगे। नचिकेता बहुत आज्ञाकारी था। देखिए, तीन तरह के शिष्य होते हैं, तीन तरह के पुत्र और तीन तरह के लोग होते हैं। एक वो होते हैं जो आज्ञा देने वाले की इच्छा को ही भांप लेते हैं। दूसरे वो जो आज्ञा मिलने के बाद उसमें पूरी तरह से जुट जाते हैं और तीसरे वो लोग जिनको साफ़-साफ़ आज्ञा मिल जाए, फिर भी नहीं मानते।

इस बात पर थोड़ा ध्यान दीजिए। बहुत से लोग ऐसे हैं जिन्हें साफ़-साफ़ राज आज्ञा मिल चुकी है कि अपने घर में रहिए, बाहर मत निकलिए, लेकिन वो नहीं मानते। कुछ लोग आदेश का पालन कर भी रहे हैं, लेकिन हमें होना है नचिकेता की तरह।

पिता के कहते ही नचिकेता को तो आज्ञा का पालन करना था। सो, तैयारी कर ली और चल पड़े यमराज के पास। उस समय यमराज कहीं बाहर गए हुए थे। बालक बड़ा योग्य, तपस्वी था। यमराज की पत्नी ने देखा कि एक ब्राह्मण बालक अतिथि बनकर आया है और बिना अन्न-जल ग्रहण किए बैठा यमराज की प्रतीक्षा कर रहा है।

जब यमराज आए तो पत्नी ने बताया एक ब्राह्मण बालक आपसे मिलने आया है और तीन दिन से भूखा-प्यासा ही बैठा है। सोचा कि यहां तो लोग लाए जाते हैं, परंतु यह बालक स्वयं आया है और तीन दिन प्रतीक्षा भी की तो निश्चित ही कोई तपस्वी होगा।

यमराज ने बालक को बुलवाया और बोले, “तुमने तीन दिन तक भूखे-प्यासे रहकर मेरी प्रतीक्षा की है तो मैं तीन वर मांगने के लिए तुमसे कहता हूं। जो चाहो, मांग लो।”

यमराज से अपने तीन वरदान में नचिकेता ने सबसे पहले कहा, "जब मैं लौटकर जाऊं तो मेरे पिता क्रोधरहित हो जाएं, शांत रहें, संतुष्ट रहें। उन्होंने झल्लाकर जो मुझसे व्यवहार किया, उसे भूल जाते हुए मेरे प्रति प्रेमपूर्ण हो जाएं। दूसरा वरदान यह दीजिए कि मेरी ओर से वो किसी प्रकार की चिंता में नहीं रहें। सुख पूर्वक अपना जीवन जीएं।" यमराज ने कहा, "तथास्तु।"

लेकिन यह तो तुमने अपने पिता के लिए मांगा है और मैं देता भी हूं। तब नचिकेता ने पूछा, "ऐसी कोई जगह है जहां सुख और दुख हो ही नहीं?" यमराज ने कहा, "यज्ञ करने से ऐसी स्थिति बन जाती है।"

तीसरा वर नचिकेता ने मांगा था, "मृत्यु के बाद क्या होता है, कृपया मुझे बताइए।" वो विषय गहरा और अलग है।

इस कहानी से हमें ये सीखना है कि यज्ञ करने से ऐसी स्थिति बनती है जब आप सुख और दुख का अर्थ समझ जाते हैं। इस समय आप अपने-अपने घरों में बंद रह कर यज्ञ ही कर रहे हैं। एक अनुष्टान है यह जिसे सफल बनाना है। महामारी से बचाव में यदि राज आज्ञा मिली है तो उसका पालन करिए। आप सुरक्षित रहेंगे, स्वस्थ रहेंगे।

मार्मिक दृश्य

ग़रीबी पर एक और प्रहार है कोरोना

इस घटना में वेदना है, लाचारी है, ग़रीबी है, अंतहीन त्रासदी है। गोरखपुर का रहने वाला मज़दूर दिल्ली में मर जाता है और पत्नी के पास पैसे नहीं है कि उसके पार्थिव देह को दिल्ली से गांव ला सके। समय पर इलाज नहीं मिलने के कारण एक मज़दूर की मौत हो गई। दो वक्त की रोटी के लिए तरस रहे परिवार के लिए दिल्ली आना संभव नहीं था। स्थानीय प्रशासन की मदद से पत्नी ने दिल्ली पुलिस को पत्र लिखा कि वह अपनी लाचारी, ग़रीबी और बदहाली के चलते अपने पति की लाश लेने दिल्ली नहीं आ सकती। ऐसे में उसके पति का अंतिम संस्कार करके उसे मृत्यु प्रमाण-पत्र पत्राचार के जरिए भेज दिया जाए। दिल्ली पुलिस ने कहा कि महिला की यथासंभव

मदद की जाएगी, किंतु उन्हें दिल्ली आना ही पड़ेगा। यह पत्र कोरोना काल में ग़रीबी,बेबसी और त्रासदी की दस्तावेज़ है।

वही मध्य प्रदेश के इंदौर शहर में 55 वर्षीय व्यक्ति की मौत उस वक़्त हो गई जब उसे इलाज के लिए अस्पताल ले जाया गया। अस्पताल के प्रशासन ने एम्बुलेंस देने से इंकार कर दिया तो स्कूटी पर ही शव को लेकर जाना पड़ा। कोरोना वायरस मानव को तो ले जाता है साथ ही मानवता को भी मार देता है।

6

व्यवसाय

प्रधानमंत्री नरेंद्र मोदी की छठी व्यवहारिक सप्तपदी है : अपने व्यवसाय उद्योगों से जुड़े लोगों के प्रति संवेदना रखें, उन्हें नौकरी से नहीं निकालें।

यहां प्रधानमंत्री की यह बात आधी ही प्रकट हुई है। या वो यह कहना चाहते हैं कि लोगों की नौकरियां अचानक चली ना जाए और उनकी यह भी योजना है कि व्यापार, उद्योग टूट ना जाए। सामान्य व्यापारी, उद्योगपति अपनी स्थिति को पटरी पर कैसे लाएं।

एक समस्या यहां यह आती है कि इतने लंबे समय तक लॉक-डाउन रहने से अर्थ व्यवस्था के डगमगाने से कैसे मध्यम वर्गीय व्यापारी घर बैठे अपने स्टाफ़ के भरण-पोषण की ज़िम्मेदारी ले सकता है। वो चाहते हुए भी लंबे समय तक यह नहीं कर पाएगा।

श्री राम ने जब अंगद को युद्ध के पहले रावण के पास दूत बना कर भेजा था तो एक पंक्ति बोली थी, "काजु हमार तासु हित होई।"

अंगद, इस तरह से काम करना कि हमारा भी काम हो और उसका (रावण) का भी हित हो। यह ही बात प्रधानमंत्री कहना चाहते हैं। व्यापारियों का भी हित होना चाहिए और उनके साथ काम करने वाले कर्मचारियों का भी। यह दौर संयुक्त हित का दौर है, क्योंकि आहत सब बराबर हैं।

कभी-कभी दैत्यों की पूजा भी करनी पड़ती है। कोरोना से निपटने के लिए हमें कहीं-कहीं कोरोना को महत्त्व भी देना पड़ेगा और उस महत्त्व का

नाम है सोशल डिस्टेंसिंग। लगातार जागरूकता। हमारे शास्त्रों में दैत्यों को वरदान प्राप्त होने की कई कथाएं हैं।

कोरोना एक दैत्य है, पता नहीं, इसको क्या वरदान प्राप्त है?

मरेगा या नहीं मरेगा। ऐसा वरदान रावण ने, हिरण्यकश्यप ने, महिषासुर ने, रक्तबीज ने ऐसे बहुत सारे दैत्यों ने भगवान से ही प्राप्त किया था।

परमात्मा की एक विशेषता है, दुष्ट तपस्या कर वरदान तो पा जाता था, लेकिन परमात्मा हर वरदान के भीतर एक छोटा सा शाप डाल देते हैं।

जैसे रावण को वरदान था किसी के हाथ नहीं मरेगा, लेकिन मनुष्य और बंदरों के हाथ से मारा जाएगा। इसीलिए हिरण्यकश्यप को मारने के लिए नरसिंह अवतार लिया, क्योंकि उसे यह वरदान था कि ना मनुष्य के हाथ मरेगा ना पशु के हाथ। जीवन में दैत्यों के वरदान के भीतर छोटा सा शाप छुपा हुआ है। बस, हमें वह पकड़ना आना चाहिए। इस कोरोना के भीतर भी एक छोटा सा शाप है उसी का नाम है सोशल डिस्टेंसिंग, सतर्कता और स्वच्छता।

कोरोना के प्रहार से आर्थिक स्थिति डगमगाई, लेकिन फिर भी हमारे व्यापारी, व्यवसायी, नौकरी करने वाले लोग अपने परिश्रम से इस परिस्थिति से पार आ जाएंगे ऐसा भरोसा है देश को।

वैदिक सप्तपदी का जो छठा सूत्र है वो है एकांत साधना।

वैदिक सप्तपदी का छठा मंत्र है :

ऋतु व्यवहार की छठवीं साक्षी–

ओ३म् षष्ठे तु षड्ऋतूणां च, षण्मुखः स्वामिकार्तिकः।
षड्रसा यत्र जायन्ते, कार्तिकेयाश्च साक्षिणः॥

छठवां चरण –

ओ३म् ऋतुभ्यः षट्पदी भव सा मामनुव्रता भव।
विष्णुस्त्वानयतु पुत्रान् विन्दावहै, बहूँस्ते सन्तु जरदष्टयः॥ 6 ॥

पति-पत्नी का जीवन एकांतिक होता है, वो दोनों जब एकांत में होते हैं तो एक सामाजिक मर्यादा होती है। बिना अनुमति कोई प्रवेश नहीं कर सकता। यदि इनका एकांत दूषित है, कलहपूर्ण है, अशांत है तो परिणाम पूरे समाज को और परिवार को भुगतना पड़ेगा। यहां इस सूत्र का अर्थ है अपने एकांत को दिव्य और मज़बूत बनाइए।

अब जब आप व्यापार करने निकलेंगे, नौकरी करने निकलेंगे तो अनेक लोगों के बीच में होने के बावजूद भी आपको अकेले रहना है। बाहर से संपर्क रखते हुए भी भीतर से एकांत साधना है। एकांत साधने का अर्थ होता है – आत्मा पर टिकना। आत्म बल से बड़ा कोई बल नहीं होता।

जब आप अपनी कामकाज की दुनिया में हों तो शरीर का बल अपनी जगह काम करेगा, आत्मा का बल अपनी जगह काम करेगा। आत्म बल क्या होता है? आत्मा तक की यात्रा कैसी की जाए? निष्कामता का क्या अर्थ? कर्मयोग क्या है? इस अध्याय में 'गीता' की सीख हमें यह समझाएगी।

ग्रंथ परिचय – 'गीता'

क्या है 'गीता?' क्यों और कब कही गई? यह बात सर्वविदित है कि 'गीता' श्रीकृष्ण ने अर्जुन को कही थी। 18 दिन का महाभारत युद्ध था, 10 दिन तक भीष्म सेनापति थे, कौरवों की ओर से। एक तरफ़ कौरव थे, दूसरी तरफ़ पांडव। कुरुक्षेत्र के विशाल मैदान में युद्ध हो रहा था। 18 दिनों में से 10 दिन भीष्म जी सेनापति, 5 दिन द्रोणाचार्य, 2 दिन कर्ण सेनापति रहा और एक दिन शल्य रहे।

सबकुछ ख़त्म हो गया 18 दिनों में। 11 अक्षौहिणी सेना कौरवों की, 7 पांडवों की। भगवान कृष्ण पांडवों की ओर थे। 10 दिन तक लगातार युद्ध चला और दसवें दिन अर्जुन के बाणों से भीष्म गिर गए। जैसे ही भीष्म गिरे और धृतराष्ट्र को सूचना मिली, जो कौरवों के पिता थे, जन्मांध थे। उन्होंने अपने सचिव संजय से कहा कि मुझे वह दृश्य बताओ कि भीष्म कैसे गिर गए? तो दसवें दिन संजय ने धृतराष्ट्र को पहले दिन से प्रारंभ करके कथा सुनाई। युद्ध तो 10 दिन हो चुका, पर घटना का प्रकाशन दसवें दिन हुआ। युद्ध पूर्व पहले दिन श्री कृष्ण ने अर्जुन को ज्ञान दिया था वह 'गीता' है।

यह 'गीता' फ़्लैश बैक है, ज़िंदगी भी फ़्लैश बैक ही है। आपको क्या अच्छा याद है और क्या बुरा भूल गए, ये कला आनी चाहिए। एक बड़ा ही सुंदर क्रम आया है 'गीता' में, ज़िंदगी के क्रम को समझकर भूल गए; यह कला आनी चाहिए।

एक बड़ा ही सुंदर क्रम आया है 'गीता' में, ज़िंदगी के क्रम को समझ लें 'गीता' उसी क्रम पर चलती है। जीवन के क्रम हैं - निजी जीवन, पारिवारिक जीवन और व्यवसायिक जीवन।

पर्सनल लाइफ़, फ़ैमिली लाइफ़ और प्रोफ़ेशनल लाइफ़। 'गीता' एक ऐसा ग्रंथ है, जिसका अनुवाद विश्व की समस्त भाषाओं में हुआ है। एक नया एंगल है 'गीता' में, जिसने इसको लोकप्रिय बनाया। जीवन में अनेक युद्ध लड़ते हैं हम, उनमें से एक युद्ध होता है अपनी इंद्रियों से लड़ना। इस संग्राम में विजय हो कर जीवन के उद्देश्य को कैसे प्राप्त करना है। इस विषय का विशेष समाधान करती है 'गीता।'

आज हम ऐसे ही रण क्षेत्र में खड़े हैं। शत्रु अदृश्य है और सारे दृश्य उसके नियंत्रण में है। ऐसा लगता है वो जब चाहता है प्रतिपल दृश्य बदल देता है और हम एक हताश दर्शक की तरह देखते रहे जाते हैं। हताशा अशांति लाती है, जितने अशांत होते हैं उतने भयभीत होने लगते हैं और ऐसे में कोरोना उतना अधिक प्रभावी होता जाता है।

1. व्यापार – लोग पीड़ित भी, बर्बाद भी

कोरोना ने हमारी सभी आर्थिक योजनाओं को पेंसिल की लिखावट में बदल दिया। अब सारी योजनाएं ऐसी बनानी पड़ेंगीं की सख़्ती के साथ आर्थिक पहिया चलने लगे, क्योंकि व्यापार, व्यवसाय, उद्योग की दुनिया में पीड़ित तो छह-सात लाख लोग ही होंगे, लेकिन बर्बाद करोड़ों हो जाएंगे। यह दृश्य धीरे-धीरे सामने आने लगा है।

हमारे यहां व्यापार की दुनिया में एक चतुर्भुज है। परमात्मा भी चतुर्भुज के रूप में अवतार लेते हैं। ये चतुर्भुज है मालिक, मैनेजर, कर्मचारी और मजदूर। बीमारी के नाम पर कोरोना ने किसी को नहीं छोड़ा, लेकिन अपने

साइड इफ़ेक्ट में इन चारों पर अलग-अलग असर हो गया। मालिक तनाव में डूबे, क्योंकि नुक़सान उठाया। मैनेजर समझ नहीं पाएगा, अपनी नौकरी बचाऊं या अपने नीचे काम करने वालों की। रिजल्ट ओरिएंटेड जॉब में इतना दबाव आएगा कि कुछ मिले ना मिले डिप्रेशन ज़रूर मिल सकता है। कर्मचारी तो भविष्य को अंधकारमय देख ही रहे हैं। मज़दूर भुखमरी की स्थिति में आ गए हैं। देश के लिए यह चतुर्भुज बहुत निराशा में है।

देश ने 2008 में भी यानी बारह साल पहले मंदी देखी थी, लेकिन कोरोना दौर की यह मंदी उसके मुक़ाबले अधिक ख़तरनाक है, क्योंकि अभी दुनिया गहरे क़र्ज़ में डूबी है। पहले जो मंदी हुई थी वो ऊंची ब्याज़ दर के कारण थी। इस बार की मंदी एक छोटे से वायरस के कारण है। पूरी दुनिया का छोटे से लेकर बड़ा व्यापारी एक ही स्थिति से गुज़र रहा है।

आर्थिक आपातकाल :

प्रधानमंत्री ने निर्देश भरी मांग की है किसी का वेतन ना काटें, किसी को नौकरी से ना निकालें, लेकिन ये अर्धसत्य हैं। जिनके पास वेतन काटने का अधिकार है, जो नौकरी से निकाल सकते हैं वो लोग इस लायक़ तो रहें कि नौकरी बचा सकें और वेतन दे सकें। इस पर सरकार को गंभीरता से सोचना पड़ेगा।

सरकार खुद कांपते हुए प्लेटफ़ार्म पर खड़ी है। आयकर और जीएसटी रिटर्न फ़ाइल करने की सीमा तीन महीने बढ़ा दी गई, इसलिए सरकार को भी आमदनी कहां से होगी। लेकिन इन तीन महीनों में उत्पादन नहीं के बराबर रहा और जमा पूंजी ख़त्म हो गई और दृश्य आया आमदनी अठन्नी ख़र्चा दस रुपया।

इसलिए यह स्वास्थ आपातकाल के साथ-साथ वित्तीय आपातकाल का भी समय है। यह बात भी सही है की लॉक-डाउन के कारण घर से कार्य करने की वृत्ति बढ़ी, प्रबंधन ने नए तरीक़े निकाले आउटपुट बढ़ाने के।

लेकिन ग्लोबल समस्या के चलते सफल होना थोड़ा मुश्किल नज़र आया। ऐसा माना जा रहा है कि वर्क फ्रॉम होम से प्रोडक्टिविटी बढ़ जाती है। यह सर्वे हार्वर्ड बिज़नेस स्कूल का है, लेकिन वर्क फ्रॉम होम की कुछ सीमाएं हैं, कुछ ही क्षेत्र ऐसे हैं जहां इसकी संभावना नज़र आती है। लेकिन

फिर भी बहुत से कर्मचारियों को तो कार्य स्थल पर जाना ही है और सोशल डिस्टेंसिंग तथा अन्य सतर्कताओं का पालन करना है।

प्लानिंग से चलना होगा

यदि यह दृश्य बिगड़ा तो संक्रमण एक बार फिर आक्रमण करेगा। इसका बी प्लान भी सरकार को व्यापार, व्यवसाय, उद्योग की दुनिया में बना कर रखना पड़ेगा। वैसे तो इस सेक्टर में बहुत बड़े-बड़े लोग दिमाग़ लगाने वाले हैं, लेकिन अच्छे-अच्छे रोल मॉडल भी एक जगह चूकेंगे और वो है उनका निजी तनाव, दबाव और उस से मिलता डिप्रेशन; जिसकी क़ीमत वो भी चुकाएंगे, उनका परिवार भी चुकाएगा।

इसलिए इस सेक्टर से जुड़े लोगों को जितनी मेहनत अपने कार्य क्षेत्र में करनी है, उतनी ही मेहनत अपनी निजी क्षेत्र यानी योग और ध्यान करके अपना आत्मबल बढ़ाने के लिए करनी पड़ेगी नहीं तो दोहरी मार पड़ेगी, मुट्ठी में से बाहर की दुनिया तो खिसक जाएगी, जो खिसक ही रही है और पैर के नीचे से घर की चादर भी फिसलने लगेगी।

'गीता' की सीख

अपने व्यापार, व्यवसाय की दुनिया में उतरने के पहले, सबसे पहले बड़ा एक संकल्प लीजिए –

हम शांत रहेंगे, धैर्य नहीं खोएंगे।

'महाभारत' के भीष्म पर्व के 25 वें अध्याय से 'गीता' आरंभ होती है।

'गीता' में 18 अध्याय हैं। प्रथम अध्याय के 27वें श्लोक तक संजय दृश्य बताता रहा।

फिर 28 वें से 46 वें श्लोक तक अर्जुन बोले। बाद में सब कुछ नियंत्रण कृष्ण के पास आ गया।

अर्जुन ने कृष्ण से कहा था, मेरा रथ दोनों सेनाओं के बीच में ले चलिए और उसके बाद कृष्ण को धड़ाम एक आवाज़

सुनाई दी। देखा तो रथ के पीछे अर्जुन अपना गांडीव धनुष छोड़कर बैठ गया था और बोला कि वह यह युद्ध नहीं लड़ेगा और उसने सात बातें बोलीं। अर्जुन ने कहा, "मेरे अंग शिथिल हो रहे हैं, दूसरे मेरा मुख सूखता है, मेरे शरीर में कंपन रोमांच है, मेरा गांडीव धनुष गिर रहा है, मेरी त्वचा जल रही है, मैं खड़े होने में असमर्थ हूं, मेरा मन भ्रमित है।"

सातवीं बात सुन कर कृष्ण ने अर्जुन को रोका और कहा, "तुम्हारी छह बातों से मैं सहमत हूं कि ऐसा किसी के साथ भी युद्ध क्षेत्र में हो सकता है, लेकिन सातवीं बात कि तुम भ्रमित हो, यह मैं स्वीकार नहीं करूंगा।"

कृष्ण नो कन्फ्यूज़न स्टेज़ में विश्वास रखते थे, जो करो पूरी पारदर्शिता के साथ, भ्रम से दूर होकर करो। और पूरी 'गीता' इसलिए सुनाई गई।

आज हमारे काम की बात यह है कि हम जो भी करें पूरे आत्म विश्वास और स्पष्टता से करें। अब एक 'गीता' का जन्म हमारे भीतर होना चाहिए, हम अर्जुन हैं और हमारा इष्ट इस वक्त कृष्ण है।

आपका जो भी इष्ट हो, आपका कोई भी धर्म हो उसको कृष्ण की भूमिका में ले आइए। कोई तो ताक़त चाहिए पीछे। स्तिथप्रज्ञ नाम का एक पात्र कृष्ण ने खड़ा किया था 'गीता' में। जिसकी प्रज्ञा स्थिर हो वो स्तिथप्रज्ञ। बुद्धि जब परिष्कृत हो जाती है तो उसे प्रज्ञा कहते हैं।

कामकाज की दुनिया में बुद्धि ही काम आती है, लेकिन उसे प्रज्ञा बना लीजिए और स्थिर हो जाइए। भ्रमित नहीं रहें, उदास ना रहें। स्तिथप्रज्ञ के लक्षण बताते हुए एक जगह कृष्ण ने कहा है –

न अस्ति बुद्धिः अ युक्तस्य, न च अयुक्तस्य भावना।
न च अभावयतः शांतिः, अशांतस्य कुतः सुखम्।

साधना रहित पुरुष के अंतःकरण में श्रेष्ठ बुद्धि नहीं होती है, बिना आस्तिक भाव वाले पुरुष को शांति नहीं होती अयुक्त के अंतःकरण में आस्तिक भाव भी नहीं होता। फिर शांति रहित पुरुष को सुख कैसे हो सकता है। कुल मिलाकर बात यह है कि अशांत व्यक्ति को सुख कैसे मिलेगा?

हम आज जो भी परिश्रम करते हैं, सुख के लिए कर रहे हैं। पहला काम करिए अशांत बिलकुल ना रहें, फिर उतरिए। फिर देखिए चाहे कोरोना साथ-साथ चले, पर हम अपने व्यापार, व्यवसाय, अपने कर्म क्षेत्रों को प्रगति की राह पर ले जाएंगे।

2. अमीर और दान – कोरोना ही प्रकाश है

कोरोना ने प्रत्येक धनवान के धन पर ऐसी आंधी चलाई है कि हर एक को अपनी संपत्ति उड़ते हुए दिख रही है। अधिक पैसे वालों को, अधिक थपेड़े लग रहे हैं। कम पैसे वालों का तो कहना ही क्या। बारह दिन में 226 अमीर अरबपतियों की सूची से बाहर हो गए थे। वैसे तो अमीर लोग अपनी अमीरी को धन बढ़ाने में उपयोग में लाते हैं। पहले के समय को पलट कर देखें तो हर महामारी के दौरान में कुछ लोग और अमीर होते गए, लेकिन कोरोना ने सबको डरा दिया।

एक वर्ग खुश हो रहा है कि शेयर गिर रहे हैं तो इन्वेस्टमेंट कर दें, लेकिन डरे सब हुए हैं। फिर भी जब ये लॉक-डाउन की स्थिति निकलेगी तो जो समर्थ और समृद्ध लोग हैं, वो धन का उपयोग करने में पीछे नहीं हटेंगे। गाड़ियों पर शील्ड कर लेंगे, दरवाज़ों के हुक बदल लेंगे, एंटी बैक्टीरियल फैब्रिक पहन लेंगे, प्रोटेक्टिव ग्लासेस यानी चश्मे इनके पास होंगे, एक्यू टच रिस्ट बैंड इनके हाथ होगा। अगर कोई घातक व्यक्ति इनके पास आएगा या इनके संपर्क में आएगा तो अलार्म बजने लगेगा, कोरोना ओवन मिलने लग जाएंगे, तरह-तरह के मास्क आ जाएंगे, लेकिन ये सब होगा समृद्ध और समर्थ लोगों के पास। उन्हीं लोगों से आग्रह किया जा रहा है, मुक्त हस्त से दान दीजिए और कुछ लोग ऐसे हैं, जिन्होंने मुक्त हस्त से दान भी दिया।

संस्कृत की एक सूक्ति बड़ी ही प्रासंगिक है-

अयं निजः परो वेति गणना लघु चेतसाम्।
उदारचरितानां तु वसुधैव कुटुम्बकम्।

यह मेरा है, यह उसका है; ऐसी सोच संकुचित चित्त वाले व्यक्तियों की होती है। इसके विपरीत उदारचरित वाले लोगों के लिए तो यह संपूर्ण धरती ही एक परिवार जैसी होती है।

संपूर्ण भारतवर्ष की यह विशेषता है कि जब भी कोई आपदा आती है सभी सामर्थ्यवान जीव सहायता के लिए आगे आ जाते हैं। कुछ लोग तन से सेवा करते हैं, कुछ मन से करते हैं और कुछ धन से सेवा करते हैं। अपनी-अपनी जगह तीनों तरह के कार्यकर्ता अहम हैं। सरकार अपने कार्य कर रही है, लेकिन भारतवर्ष की हर इंडस्ट्री से जुड़े लोग भी। जिससे जो बन पड़ रहा है, कर रहे हैं। फ़िल्म इंडस्ट्री हो या कॉर्पोरेट, खेल की दुनिया हो या बिज़नेस बहुत से लोगों ने अपने-अपने तरीक़े से, अपने-अपने सामर्थ्य अनुसार सबने दान दिया है।

इंडोरामा पेट्रोकेमिकल कंपनी नाइजीरिया के एमडी व फ़िल्म निर्माता मनीष मूंदड़ा लॉक-डाउन की वजह से अपने कार्य स्थल अफ़्रीका में ही रुके हुए हैं और उन्होंने 21-21 लाख कर्नाटक और राजस्थान सरकार को कोरोना रिलीफ़ फ़ण्ड में दिए है। इसके अलावा हज़ारों की संख्या में पीपीई किट भारत के हर कोने में भिजवा रहे हैं।

अनगिनत शहरों में, कस्बों और गांव में खाने की सामग्री और पीपीई किट हर रोज भेज रहे हैं जिसका हिसाब वो स्वयं रख रहे हैं, कितना देना है, कैसे देना है कहां तक पहुंचाना है। हर एक क़दम पर खुद नज़र रखे हुए हैं। 25 लाख रुपये प्रतिदिन उन्होंने देश सेवा को समर्पित किए हैं और इस वक़्त जब सब जगह लॉक-डाउन है सब सेवाएं बंद हैं, उन्होंने अफ़्रीका से बैठ कर भी सरकार से रिक्वेस्ट कर के, मेल कर के, ट्विटर के माध्यम से राहत सामग्री जन-जन तक पहुंचाने का बीड़ा उठाया है और इसमें सफल भी हुए हैं।

दिल्ली में रहने वाले पेटीएम के फ़ाउंडर विजय शेखर भी सैकड़ों की संख्या में पीपीई किट के साथ मास्क और फ़ूड पैकेट्स ज़रूरत मुताबिक़ देते

गए और साथ ही चार करोड़ का दान दिया है। साथ ही उनका यह संकल्प है कि इस मुश्किल दौर में मेडिकल टीम, पुलिस फ़ोर्स, आर्मी जो देश की इस मुश्किल हालात में सेवा कर रही है उनको सहयोग देने के लिए पेटीएम सदैव तत्पर है।

वहीं गुजरात में एक दानवीर ऐसे भी हैं जिन्होंने क़रीब 500 व्यक्तियों को एक-एक किलो के आटे की थैली दान दी और जब लोगों ने घर जा कर उसे देखा तो हर पैकेट में 15,000 रुपये निकले। इस व्यक्ति का नाम आगे नहीं आया। बस कर दिया जो करना था। ऐसे ही भारत के बड़े बिज़नेस समूह आगे आए, जिनका योगदान कोरोना के इस काल को सदैव याद रहेगा।

राम जी की चिड़िया राम जी का खेत :

इस वक़्त में जब देश की ग़रीब जनता तकलीफ़ में है, देश के मंदिरों ने भी जन सेवा में योगदान दिया। राजस्थान के जयपुर में चांदी के टकसाल स्थित मंदिर ठिकाना श्री काले हनुमान जी मंदिर में ये सिलसिला लॉक-डाउन के पहले दिन से चल रहा है। जिस दिन से जनता कर्फ़्यू था, उससे एक दिन पहले मंदिर के महंत के युवराज योगेश जी ने पैदल चलते हुए कुछ ग़रीब भिखारियों का वार्तालाप सुना, जिसमें वो चिंतामग्न थे कि अगर कल से कर्फ़्यू लग जाएगा तो हम सभी भूखे मर जाएंगे। हनुमान जी की प्रेरणा से उसी दिन से योगेश जी ने तय किया। इस वर्ग के लिए भोजन का बीड़ा दादा उठाएंगे (काले हनुमान जी विश्व विख्यात मंदिर है और उनके भक्त उन्हें दादा कह कर पुकारते हैं)।

महंत गुरुदेव श्री श्री 108 गोपाल दास जी महाराज के आशीर्वाद से और हनुमान जी की कृपा से हर दिन 500 लोगों के लिए भोजन की कच्ची-पक्की सामग्री वितरित की जाती है। ना केवल मनुष्यों के लिए, बल्कि मूक प्राणी गाय, श्वान, बंदरों के लिए भी भोजन की व्यवस्था दादा करवाते हैं। यह मंदिर वहां स्थित है जो शहर का मुख्य हॉट-स्पॉट है। मंदिर के आस-पास जो पुलिस वाले ड्यूटी करते हैं, उन्हें समय-समय पर चाय और नाश्ता प्रसाद रूप में मिलता रहे इसका ध्यान भी दादा रखते हैं।

प्रभु कृपा से यह कार्य इस कोरोना काल में नियमित रूप से चला। कुछ भक्तजनों की सेवा और योगेश जी व जय जी की देख रेख में होने वाले

इस वितरण को योगेश जी गुरू और दादा का आशीर्वाद मानते हैं। जो इस दुनिया में सबको देने वाला है, वो ही करवा रहा है। देने वाले राम जी और पाने वाले भी राम जी। ये तो उदाहरण हैं, लेकिन हर गांव शहर कई ऐसे हैं जो निःस्वार्थ सेवा कर ही रहे हैं। उन्हें भी नमन।

फ़िल्म इंडस्ट्री, बड़े और नामी खिलाड़ी, बड़े बिज़नेस ग्रुप्स सभी ने अपने-अपने ख़ज़ाने से सेवा के लिए देश को दान दिया है, क्योंकि धनवानों को एक अहंकार होता है, मैं व्यवस्था तोड़ूंगा। इस मारामारी के दौरान भी डीएचएफ़एल के प्रमोटर वाधवान परिवार ने जो किया, मानव जगत के लिए शर्मिंदगी का विषय है और ऐसे ही लोग आगे भी कुछ न कुछ ऐसा करेंगे कि सामान्य जन आहत हो जाएंगे।

कोरोना रूपी बीमारी के अंधेरे में जब तक उपचार रूपी उजाला नज़र नहीं आता, तब तक इस अंधकार में करुणा ही प्रकाश है। सेवा करिए, दान करिए, क्योंकि लड़ाई थोड़ी लंबी है, परेशानी छोटी नहीं है, सतत चलने वाला संघर्ष है ये, इसलिए जितना भी सामर्थ्य हो दान करिए, और मदद का हाथ लोगों की तरफ़ बढ़ाइए। ये वक़्त ऐसा है सूरज नहीं बन सकते ना सही, लेकिन दीपक बन कर जला जा सकता है।

'गीता' की सीख

अर्जुन ने 'गीता' के आरंभ में ही कृष्ण से प्रश्न पूछा था कि स्थितप्रज्ञ के क्या लक्षण हैं? स्थितप्रज्ञ यानि जिसकी बुद्धि स्थिर है। कृष्ण ने कहा –

प्रजाहाति, यदा, कामान, सर्वान, पार्थ, मनोगतान,
आत्मनि, एव, आत्मना, तुष्ट, स्थित प्रज्ञ, तदा, उच्यते। .

अर्थात हे अर्जुन! जब मनुष्य मनोधर्म से उत्पन्न होने वाली इंद्रिय तृप्ति की समस्त कामनाओं का परित्याग कर देता है, और जब इस तरह से विशुद्ध हुआ उसका मन आत्मा में संतोष प्राप्त करता है तो वह विशुद्ध दिव्य चेतना को प्राप्त स्थित प्रज्ञ कहा जाता है।

इस श्लोक में कृष्ण ने कह दिया –

"जो अपनी आत्मा से आत्मा में संतुष्ट हो जाएगा
वह स्थितप्रज्ञ है वह अशांत नहीं होगा।"

आज हम अपनी कामकाज की दुनिया में पूरा शरीर ही झोंक देंगे। मन परेशान करेगा, डराएगा, समस्याओं को बढ़ा कर बताएगा और ऐसे में बहुत मेहनत करने के बाद भी आप अशांत हो जाएंगे, थक जाएंगे।

आत्मा से आत्मा में संतुष्ट होने की कला सीखिएगा उसका नाम है योग, ध्यान। इसे नियमित करिए, क्योंकि यदि आप आत्मा से आत्मा में संतुष्ट हो गए तो आप जो काम करेंगे जम कर करेंगे, पूरा करेंगे। ज़रा सी चूक महंगी पड़ जाएगी।

दो प्रसंग ऐसे हैं, जिनमें ज़रा सी चूक हो गई थी और एक बड़ी क़ीमत चुकानी पड़ी। पुरानी कथा के अनुसार एक बार मां यशोदा जब कृष्ण को नहला रही थीं उस समय एक महात्मा आए। उन्होंने कहा कि मेरे पास एक ऐसा मलहम है कि अगर इसका लेप बच्चे के शरीर पर कर दें तो इसका शरीर वज्र का हो जाएगा। कोई अस्त्र-शस्त्र इस पर अपना प्रभाव नहीं दिखा पाएगा। मां यशोदा ने उसका लेपन अपने बच्चे कृष्ण के शरीर पर कर दिया, लेकिन पैर के अंगूठे के नीचे वाले हिस्से तक वह आते-आते ख़त्म हो गया। अंगूठे का उतना निचला हिस्सा लेपन से वंचित रह गया और कृष्ण जी के जीवन के अंतिम समय में शिकारी ने उसी जगह तीर मारा और उन्हें संसार से जाना पड़ा। इतनी सी चूक रह गई। पूरी जीवन की क़ीमत ली उसने।

दूसरी घटना। महाभारत में लगभग तय हो चुका था कि कौरव हार जाएंगे। कौरवों की मां गांधारी ने विचार किया पांडव मेरे पुत्र दुर्योधन को निश्चित मार डालेंगे। इन्होंने अपने तप से स्वैच्छिक अंधत्व स्वीकार किया था। वे जानती थीं कि जब मैं नेत्र खोलूंगी तो जिस किसी को देखूंगी वह वज्र का हो जाएगा।

उन्होंने अपने बेटे दुर्योधन को सूचना दी कि वह बिना वस्त्र के उनके सामने आए। गांधारी ने सोचा कि मैं आँख खोलकर उसे देखूंगी, उसका पूरा शरीर वज्र का हो जाएगा और फिर पांडव के प्रहार से वह मरेगा नहीं। मां की आज्ञा का पालन करने के लिए दुर्योधन निर्वस्त्र मां के कक्ष की ओर जा रहा था कि बीच में कृष्ण मिल गए। कृष्ण जानते थे कि क्या होने जा रहा है।

तब कृष्ण ने दुर्योधन को समझाया कि तुम युवा हो, मां एक स्त्री है, कम-से-कम उनके सामने जंघाओं पर तो वस्त्र लपेट लेना चाहिए। कृष्ण की सलाह मान कर दुर्योधन ने अपनी जंघाओं पर केले के पत्ते लपेट लिए और जब गांधारी ने नेत्र खोले और दृश्य देखा तो वो समझ गई कि धोखा हो गया है। दुर्योधन का सारा शरीर वज्र का हो गया, जंघाओं का वह स्थान रह गया और अंत में जब भीम प्रहार कर रहे थे व दुर्योधन मारा नहीं जा रहा था तब कृष्ण ने यह संकेत करवाया था कि जंघाओं पर प्रहार करो। वहां प्रहार करने पर दुर्योधन मारा गया।

तात्पर्य यह है कि थोड़ी सी चूक महंगी पड़ जाती है। घर से बाहर निकलने की चूक, भीड़ में रहने की चूक, एक दूसरे से संबंध निभाने की भूल, सार्वजनिक स्थान पर थूकने की भूल से बचें। सोशल डिस्टेंसिंग सतर्कता, क्वारेंटीन उस चूक की भरपाई है। सावधान रहिए। ज़रा सी चूक ज़िंदगी की क़ीमत वसूल लेगी।

बचाव ही उपचार

1. भीड़-भाड़ में जाने से बचें।
2. यात्रा कम से कम करें।
3. आइसक्रीम, कोल्ड ड्रिंक, डिब्बा बंद फूड खाने से परहेज करें।

कहानी कहती है –

त्याग – एक श्रेष्ठ यज्ञ :

पहले के समय में राजा यज्ञ किया करते थे और यज्ञ का बड़ा महत्त्व भी था। कई लोग आज भी करते हैं यज्ञ-हवन। यज्ञ का अर्थ है कि आपने जो कुछ भी अर्जित किया हो, उसका एक अंश विधि-विधान से देवताओं तक पहुंचाया जाए।

इस समय हमारे देश भारत सहित पूरी दुनिया में एक यज्ञ हो रहा है, मानवता की रक्षा का यज्ञ, स्वास्थ्य की रक्षा का यज्ञ। इस यज्ञ को उस सीमा तक करिए जहां परमात्मा को आकर आपकी मदद करनी पड़े। तो आइए, यज्ञ क्यों किया जाता है, इस बात को समझने के लिए प्रवेश करते हैं युधिष्ठिर के राजसूय यज्ञ की कथा में।

राजा युधिष्ठिर ने राजसूय यज्ञ किया। ब्राह्मणों को खूब दान दिया, सारे अतिथि-प्रजा भोजन करके तृप्त हो गए। चारों ओर उनकी प्रशंसा होने लगी। उसी समय एक नेवला आया जिसका आधा अंग सोने का और बाकी आधा भूरा था। वह यज्ञ में करवाए गए भोजन की जूटी पत्तलों पर लोट लगाने लगा। कुछ देर बाद एक कोने में जाकर बैठ गया। लोगों ने देखा तो पूछा, "इन जूटी पत्तलों पर क्यों लोट लगा रहे हो?"

मनुष्य की वाणी में नेवला बोला, "इस महायज्ञ की चर्चा मैंने भी सुनी है। इसमें सबको सब मिला है, तो मैंने सोचा मेरा उद्देश्य भी पूर्ण हो जाएगा, परंतु मैं भी एक अतिथि के रूप में आया हूं और मुझे तृप्ति नहीं मिली। जो चाहता था, वह नहीं मिला। मेरा आधा अंग सोने का है और आधा भूरा है। मुझे लगा मैं इन जूटी पत्तलों पर लोट लगाऊंगा तो मेरा आधा अंग जो भूरा है वह भी सोने का हो जाएगा, लेकिन ऐसा नहीं हो पाया।"

सुनकर राजा युधिष्ठिर चौंक गए। वे बोले, "पहले तो यह बताओ कि तुम्हारा आधा अंग सोने का हुआ कैसे?" नेवले ने बताया, "आपके इस यज्ञ से तो उस ब्राह्मण का सत्तू यज्ञ श्रेष्ठ था जिसके कारण मेरा आधा अंग सोने का हुआ।" युधिष्ठिर फिर चौंके। पूछा, "यह ब्राह्मण का सत्तू यज्ञ क्या है भाई?"

नेवले ने बताया कि कुरुक्षेत्र में एक बड़े तपस्वी ब्राह्मण थे। परिवार में चार सदस्य थे- ब्राह्मण, उनकी पत्नी, बेटा और बहू। ये लोग एक साथ भोजन करते थे। बहुत अधिक धन नहीं था उनके पास। कभी-कभी

तो भोजन भी नहीं मिल पाता। एक बार अकाल पड़ा तो पूरे परिवार को भूखे मरने की नौबत आ गई। वह ब्राह्मण सोच में पड़ गया कि अपने परिवार को कैसे बचाऊं? तब भरी दोपहरी में एक खेत में पहुंचे, वहां से गेहूं, जौ आदि धान्य एकत्र किया और उसमें कुछ भाग निकालकर पीसा और सत्तू बना लिया। घर आकर सत्तू को गूंथा, चार हिस्से किए और चारों भोजन के लिए बैठ गए।

उसी समय एक ब्राह्मण आ गया। उसने कहा, "मुझे बहुत भूख लगी है, कई दिनों से भूखा हूं।" उस यजमान ब्राह्मण ने अपने हिस्से का सत्तू अतिथि ब्राह्मण को देते हुए कहा, "आप इसे ग्रहण कर अपनी भूख मिटा लीजिए।" अतिथि ने वह सत्तू तो खा लिया, पर पेट नहीं भरा। अब ब्राह्मण की पत्नी बोली, "अतिथि ब्राह्मण की तृप्ति के लिए इन्हें मेरे हिस्से का सत्तू भी दे दीजिए।" ब्राह्मण को लगा मेरी पत्नी आज मेरे लिए त्याग कर रही है, लेकिन बात अतिथि की तृप्ति की थी तो पत्नी का हिस्सा भी दे दिया।

अतिथि ब्राह्मण ने वह सत्तू भी खा लिया, पेट फिर भी नहीं भरा। तब ब्राह्मण पुत्र बोला, "इन्हें मेरे हिस्से का सत्तू भी दे दीजिए।" पिता ने कहा, "मैं तो बूढ़ा हूं। कुछ दिन भूखा रहकर यदि मर भी गया तो कोई बात नहीं। पर तुम तो अभी युवा हो, तुम्हारे सामने लंबा जीवन पड़ा है।" बेटे ने कहा, "पिता का ऋण चुकाना मेरा कर्तव्य है।" उसने अपने हिस्से का सत्तू भी दे दिया।

बेटे के हिस्से का सत्तू खाने के बाद भी अतिथि का पेट नहीं भरा तो बहू ने अपने हिस्से का भी दे दिया।

नेवले ने बताया कि भूख के मारे चारों मरणासन्न थे फिर भी चारों ने अपना-अपना हिस्सा अतिथि ब्राह्मण को दे दिया। अतिथि तृप्त हुए और ये चारों लगभग अंतिम सांसें गिन ही रहे थे कि उसी समय पुष्पक विमान वहां आया, उसमें से देवगण उतरे। चारों का सम्मान किया और देवलोक ले गए। उस समय उनकी पत्तल में से जो अन्न के कण गिरे वो इतने पवित्र थे कि मैंने जब उनमें लोट लगाई तो मेरा आधा शरीर तो सोने का हो गया, पर आधा वैसा ही रह गया। तब मुझे लगा यदि किसी ब्राह्मण की जूठन में लोट लगाने से ऐसा हो जाता है तो आपके यज्ञ में आ गया, यहां भी लोट लगाई, लेकिन यहां मेरा बाक़ी आधा शरीर सोने का नहीं हुआ। इसलिए मुझे लगता

है कि उस ब्राह्मण का वह सत्तू यज्ञ आपके इस यज्ञ से श्रेष्ठ था। युधिष्ठिर सारी बात समझ गए और उन्हें लगा कि अपनी सीमा के बाहर जाकर जो त्याग किया जाता है, उसे ही सच्चा त्याग माना जाता है।

आज हम सबको भी एक त्याग करना है, एक तपस्या करनी है जितनी हो सके, सेवा करनी है और अपनी सीमा से बाहर जाकर भी अनुशासन का पालन करते हुए कोरोना जैसी महामारियों से लड़ना, और उससे जीत हासिल करनी है।

मार्मिक दृश्य

मां की ममता की परीक्षा का काल है

मां का दर्द और संघर्ष वैसे ही इस जीवन में अनमोल होता है, इस कोरोना के चलते मां के जीवन में भी कई दर्द दिए हैं इसने। पुलिस के टीम में कई महिला कर्मचारी और अधिकारी हैं, जिन्हें इस ड्यूटी के दौरान घर और बच्चों से दूर रहना पड़ा। पुलिस की सेवार्थ कटिबद्धता की मिसाल पेश करती भावी मां की संतान निश्चित ही सेवा भाव लिए जन्म लेगी।

एक महिला को कोरोना पॉज़िटिव पाया गया, जिसकी दो बच्चियां एक चार साल की व दूसरी दो माह की, उनसे दूर रही और दो माह की बच्ची को मां की गोद का सुकून ममता का आंचल अस्पताल की नर्स ने दिया।

7

कोरोना योद्धा
(डॉक्टर, स्वास्थ्यकर्मी, पुलिस, मीडिया अन्य)

प्रधानमंत्री मोदी का सप्तपदी का सातवां वचन था – डॉक्टर, नर्स, सफ़ाईकर्मी, पुलिसकर्मी, मीडियाकर्मी जैसे लोगों का सम्मान करें। उनका आदरपूर्वक गौरव करें।

ऐसा ही सम्मान श्रीराम ने उस समय वानर दल को दिलवाया था, जब वे अयोध्या लौटकर आए और रामराज्य के पहले अपने गुरु वशिष्ठजी से वानरों का परिचय करवा रहे थे। राम ने वानरों को यह कहकर बहुत बड़ा मान दिया था– भए समर सागर कहं बेरे। अर्थात रावण से जो संग्राम हुआ उसमें ये लोग मेरे मददगार थे। इनका जितना सम्मान करें कम है।

आज ठीक यही बात सारा देश उन लोगों के लिए कर रहा है जो कोरोना योद्धा दल के सदस्य हैं। इन लोगों ने सारी अव्यवस्थाओं के बाद भी बेहतर परिणाम दिए हैं। इसमें कोई बड़ी बात नहीं कि हम इन्हें सेवा का अवतार कहें। हमारे देश में अवतार को बहुत मान दिया गया है।

अवतार शब्द अवतरणिका से बना है, यानी ऐसी सीढ़ी, जिसमें से कोई ऊपर से नीचे उतरता है। ये देवदूत हैं, देवरूप हैं। सच कहें तो ये आज कोरोना युद्ध में हमारी ओर से हमारी रक्षा के लिए अवतार हैं। इन्हें नमन... शत्-शत् नमन।

वैदिक सप्तपदी का सातवां मंत्र है : मित्रता

मित्रता वृद्धि की सातवीं साक्षी –

ओ३म् सप्तमे सागराश्चैव, सप्तद्वीपाः सपवर्ताः।
येषां सप्तर्षिपत्लीनां, तेषामादशसाक्षिणः।।

सातवां चरण –

ओ३म् सखे सप्तपदी भव सा मामनुव्रता भव।
विष्णुस्त्वानयतु पुत्रान् विन्दावहै, बहूँस्ते सन्तु जरदष्टयः।।7।।

पति-पत्नी एक-दूसरे के प्रति मैत्री का भाव रखेंगे। चूंकि मैत्री समानता में होती है। इसलिए ऋषि-मुनियों ने यह संदेश दिलवाया है कि कोई किसी को छोटा नहीं समझेगा। पुरुष का यह अहंकार कि मैं बड़ा, ये छोटी, स्त्री का यह डाह कि मेरी ही मानी जाए। मैं श्रेष्ठ हूं। इस झगड़े ने घर तोड़ दिए। मित्रता का अर्थ समानता है। एक-दूसरे के काम आना, एक-दूसरे की पीड़ा को समझना। वही सच्चा मित्र है, जो सामने वाले को समझे।

कोरोना सेवा दल ने पूरी मित्रता निभाई है, अब हमारी बारी है कि हम इनके कहे अनुसार, इनके बनाए नियमों के अनुसार अपनी सीमाओं में रहकर ख़ासतौर पर सोशल डिस्टेंसिंग के मामले में मित्रता निभाएंगे, पालन करेंगे, अपनी सीमाएं नहीं तोड़ेंगे।

इस अध्याय में हमारा आधार शास्त्र नहीं, दो लोक देवता हैं – एक गणेश जी दूसरे हनुमान जी। गणेश जी को स्मरण किए बिना कोई कार्य प्रारंभ नहीं होता और हनुमान जी को याद किए बिना कोई कार्य समाप्त नहीं हो सकता। ये दोनों लोकदेवता भारत के रग-रग में रचे और बसे हुए हैं। इन दोनों की विशेषता है – बुद्धि के साथ विवेक, सेवा के साथ परिश्रम। ये दोनों हमें सिखाएंगे अब क्या करना है।

1. सेवा दल : हमारे हीरो हार नहीं जाएं

यह तो तय हो गया कि देश ने नए हीरो देखे। ये सच्चे नायक रहे, जिन्हें दुनिया ने डॉक्टर, नर्स, स्वस्थ्यकर्मी, सफ़ाईकर्मी, पुलिस और मीडियाकर्मी के रूप में जाना। जब लॉक-डाउन में जीवन का एक हिस्सा रुका हुआ था, उस समय इन्होंने जीवन को बचाने के लिए बहुत कुछ चालू कर रखा था।

हमारे देश में अभाव के साथ काम करना पड़ता है। अव्यवस्थाएं तो अपनी जगह है ही। इतने बड़े देश में इतना बड़ा लॉक-डाउन होना आश्चर्यजनक है और ऐसे में इन लोगों की सेवा बहुत सम्मानजनक है। इन्होंने अद्भुत कार्य किया है, बिलकुल गणेश जी की तरह, हनुमान जी की तरह भूमिका निभाई है।

वक़्त बहुत नाज़ुक चल रहा है देश की सारी व्यवस्थाएं चरमरा रही हैं, लेकिन ऐसे में अगर तेजिंदर सिंह जैसे कार्यकर्ता ईश्वर खड़े कर देता है तो दर्द और तकलीफ़ों का आकार छोटा हो जाता है। दिल्ली में रह रहे तेजिंदर के पास देश भर से दिन-रात सोशल मीडिया एकाउंट्स पर दो सौ से ज़्यादा मैसेज आते हैं कि किसी के पास अनाज नहीं है, किसी के पास दवाई नहीं है, किसी को डॉक्टर की ज़रूरत है और किसी को ब्लड बैंक से सहायता चाहिए और तेजिंदर अपनी स्किल्स के साथ अपनी नेटवर्किंग को काम में लेते हुए हर संभव मदद करते हैं।

पिछले 18 सालों से सक्रिय रूप से राजनीति से जुड़े तेजिंदर के सामने अभी तक ऐसी कोई समस्या नहीं आई इस कोरोना काल में जिसका समाधान उन्होंने या उनकी टीम ने नहीं दिया हो। देश के किसी भी कोने में हर संभव मदद करने की कोशिश जारी है। वो पूरे दिन में मात्र चार घंटे सो पा रहे हैं और जब इन स्थितियों की शुरुआत थी तब तो दो घंटे ही सो पाते थे। उनकी सेवा में ख़ास बात यह है कि अपनी टीम को उन्होंने पूरे देश में सक्रिय कर रखा है और जहां उन्हें लगता है कि अपनी जेब से भी पैसा ख़र्च करना होगा तो वो ऐसा करने में कोई कमी नहीं रखते।

एक घटना और जो दिल को छू लेने वाली हुई वो यह कि भारतीय महिला खो-खो टीम की कप्तान नसरीन जो भारत का सम्मान है, तेजिंदर ने अपनी तरफ़ से उन्हें 21 हज़ार रुपये भिजवाए और स्मृति ईरानी से

बातचीत कर लॉक-डाउन के बाद एक अच्छी नौकरी लगवा सकें, ऐसी कोशिश भी की है।

जैसे-जैसे स्थितियां आगे बढ़ रही हैं अब एक असंतोष इनके बीच सामने आने लगा है। इनके पास किट पूरी नहीं थी। इनके बीच भी भेद किए गए। डॉक्टरों को अलग सुविधाएं मिलीं, नर्सों को वो सुविधाएं नहीं मिलीं। बड़े अधिकारी फ़ाइव स्टार सुविधाएं प्राप्त कर गए, छोटे कर्मचारी संघर्ष करते रहे। इनके परिवार का क्या हो रहा है ठीक से यह भी नहीं देखा गया, लेकिन फिर भी जुटे रहे, लगे रहे और कुछ लोगों ने अपने प्राण भी त्यागे।

मुंबई देश में सबसे बड़ा हॉट-स्पॉट है। वहां से सेवा का काम संभालते रमेश सोलंकी भी पूरे देश के हर राज्य में अपनी नेटवर्किंग के माध्यम से सेवा का कार्य कर रहे हैं। कहीं कोई भूखा नहीं सोए, किसी को स्वास्थ्य की दृष्टि से कोई परेशानी नहीं आए, सोशल मीडिया के माध्यम से कोर्डिनेशन करते हुए रमेश और उनकी टीम हर संभव कार्य को अंजाम दे रही है।

समय काफ़ी लंबा चला है और कितने दिन यह सिलसिला जारी रहेगा कोई नहीं जानता। अब हमारी व्यवस्था को बहुत अधिक ध्यान रखना पड़ेगा कि हमारे हीरो हार नहीं जाएं, सेवक थक नहीं जाएं। योद्धा खुद पलायन नहीं कर जाएं।

इस बीच सेना भी निकलकर आई। सेना तो जो भी काम करती है निराला ही करती है। आज भी प्रवासी मजदूरों को यदि रोकना हो तो अधिकांश लोगों का कहना है कि सेना पर आधारित हो जाएं, क्योंकि इस मामले में सेना का प्रबंधन कुछ अलग हटकर होता है।

जब कोरोना ने अपना पहला पड़ाव पूरा करना शुरू किया था। उसी समय सेना और आईटीबीपी के नौजवानों ने जो काम करके दिखाया था वह आज भी मॉडल है। हम यदि इनकी सच्ची सेवा करना चाहें तो सेवादल द्वारा जो काम किए जा रहे हैं उसका जो क़ानून है, उसका जो क़ायदा है उसका हम पालन करें। इस प्रकार सेवकों की भी सेवा हम कर सकेंगे।

गणेश जी की सीख

गणेश जी के जीवन की सबसे महत्त्वपूर्ण घटना :

पार्वती जी जब विवाहित होकर जब कैलाश पर आईं तब पार्वती जी की सखियों ने कहा कि कैलाश पर भगवान शंकर का राज्य है, इनके गण बिना अनुमति कभी भी कक्ष में आ जाते हैं। हम स्त्रियों के आवास में प्रवेश की मर्यादा होनी चाहिए। पार्वती ने अपने शरीर के मैल से एक पुतला बना दिया और उसमें अपनी शक्ति डालकर प्राण दे दिए। उस पुतले को आदेश दिए कि तुम्हें इस द्वार की रक्षा करनी है। कोई भी मेरी अनुमति के बिना भीतर प्रवेश नहीं करे।

शिव जी के गण हमेशा आते-जाते थे, सबसे पहले उनको रोका गया। उनसे युद्ध भी हुआ, वो पराजित होकर शिव जी के पास गए और बोले कि कोई द्वार पर रोक रहा है। शिव जी ने कहा कि हमारे द्वार पर कौन रोकता है। शिव जी गए तो उस बालक ने शिव जी को भी रोक दिया और परिचय में कहा कि मैं पार्वती जी का पुत्र हूं।

शिव जी चौंक गए। सोचने लगे कि मेरे ही घर में ये कौन सा पुत्र आया, जिसका मुझे ज्ञान नहीं है। शिव जी को लगा कि इससे युद्ध करने से अच्छा है कि वापस लौट चलें। उन्होंने विष्णु जी और ब्रह्मा जी से सलाह ली। सब आए और युद्ध हुआ। कोई भी उस बालक को पराजित नहीं कर पाया, क्योंकि उसके पीछे मां की शक्ति थी।

विष्णु जी ने एक ऐसी रचना की। एक क्षण के लिए उनके मोहिनी रूप को उस बालक ने देखा और इतने में शिव जी ने अपने त्रिशूल से उस बालक का मस्तक काट दिया। पार्वती जी बहुत आवेश में आई, वे बहुत रोईं और कहने लगीं कि मैं ब्रह्माण्ड समाप्त कर दूंगी। देवता डर गए। पार्वती जी ने कहा कि यह बालक मुझे पुनर्जीवित चाहिए।

तब शिव जी ने हाथी का मस्तक लगाकर उस बालक को जीवित किया और सभी देवताओं ने अपना-अपना प्रभाव दिया और गणेश जी तैयार हो गए। इस कहानी के पीछे का संदेश अनुशासन और आज्ञा पालन की दृढ़ता का है। आज हमें एक ऐसा ही आदेश मिला है कोरोना रूपी इस राक्षस से, इस महामारी से निपटने के लिए। अनुशासन का पालन दृढ़ता से करिए। गणेश जी चूंकि विवेक के देवता हैं, इसलिए अपना विवेक भंग नहीं होने दें।

2. धर्म : यह आत्मा का अवसर था

लॉक-डाउन की अवधि जो भी रही हो, लेकिन उसकी उपलब्धि आत्मा होना चाहिए, क्योंकि लॉक-डाउन रहे या खुल जाए अब जीवन जिस गति से और जिस स्थिति में चलना है वहां आत्मबल की बहुत आवश्यकता रहेगी। धर्म का आधार केवल शरीर नहीं, आत्मा होना चाहिए।

हमने हैंडवॉश करना सीखा है, लेकिन हमें ब्रेनवॉश करना भी आना चाहिए। हम सोशल डिस्टेंसिंग समझ लें, पर खुद से मुलाक़ात कैसे हो; यह भी हमें समझना होगा। बाहरी सफ़ाई को हम समझ गए, लेकिन आंतरिक सफ़ाई भी ऐसी होनी चाहिए जहां भीतर की तरंगों से भय और उदासी नहीं, खुशी-उम्मीद और उत्साह की तरंगें उठें। इस समय यही धर्म है।

नए-नए शब्द इन दिनों हमारे जीवन में आ गए। लॉक-डाउन, सोशल डिस्टेंसिंग, क्वारेंटीन, मास्क, हैंडवॉश। इन सबके अध्यात्मिक अर्थ भी हैं। ये सब बाहर की स्थितियां हैं, लेकिन इनको जीवन से जोड़ें तो आपको पता लगेगा यह सब कह रहे हैं - प्रतिदिन आत्मा की यात्रा करो। कैसे? - योग करें, ध्यान करें।

इन दिनों जीवन लाचार और असहाय हो गया, मृत्यु बेकार और वेदनापूर्ण हो गई। कई लोगों की ज़िंदगी मज़बूरी हो गई और मौत मुश्किल हो गई। अनेक जगह शवदाह में निकट के रिश्तेदार नहीं आ पाए, बच्चों ने अंत्येष्टि करने से इनकार कर दिया। इस कोविड-19 ने दाह संस्कार को भी संक्रमित कर दिया, सूना बना दिया।

'भागवत' में कहा गया है - अकेले ही आना पड़ता है, अकेले ही जाना पड़ता है, लेकिन कोरोना ने 'भागवत' की इस उक्ति पर भी अपना प्रभाव डाल दिया। आना तो अकेले पड़ता है और अगर कोरोना हो जाए तो बहुत सारे लोगों को साथ ले जाना पड़ता है।

प्रधानमंत्री की यह बात बहुत सही थी कि लोगों को समझाने के लिए कोरोना में सावधानी का संवाद करते समय धर्मगुरुओं का सहारा लें। हमारे देश में आज भी धर्मगुरुओं का बड़ा मान है। उनकी वाणी को अधिकांश लोग परमात्मा की वाणी मानते हैं। धर्मगुरुओं का दायित्व था, है और रहेगा। इस अनुशासन को लोगों में आचार संहिता बनाकर उतारें। शास्त्रों में इससे संबंधित या इससे जुड़े हुए जो भी तथ्य हों वो लोगों के मन-मस्तिष्क में उपदेश के रूप में बैठाएं। यही वाणी का पुण्य होगा।

क्योंकि अब वक़्त एक बदलाव की मांग कर रहा है और यह बात धर्मगुरू ही समझा सकते हैं कि अब त्यौहार और उत्सव के रूप बदल जाएंगे। भीड़ से त्यौहार-उत्सवों को बचाएं। बहुत शोर किया है हमने हर धर्म के उत्सव में। अब थोड़ा एकांत साधिए। पूजा-पाठ, इबादत अकेले होने पर भी उतना ही प्रभाव देगी जो हमने भीड़ में उतरकर प्राप्त करने की कोशिश की है।

हनुमान जी की सीख ः

सेवा क्या होती है ः

किसी भी धार्मिक व्यक्ति को अपने धर्म का सही ज्ञान होना चाहिए। इसका मतलब जानकारी का ज्ञान नहीं, धर्म को जीने का ज्ञान। एक धार्मिक व्यक्ति भेदभाव नहीं करता, छल-कपट नहीं करता, अनुशासन में रहता है और उसका मुख्य उद्देश्य होता है हर हाल में सेवा करना। धर्मगुरुओं की भी यह ज़िम्मेदारी होना चाहिए कि वे सही नेतृत्व करें।

हनुमान जी के जीवन से एक घटना समझते हैं। जब वानरों का दल सीता जी की खोज में दक्षिण दिशा में रवाना किया गया तो सुग्रीव ने उसका नेतृत्व अंगद को सौंपा। उस दल

में जाम्बवंत थे, हनुमान जी भी थे। जब वह दल चला तो सारे वानर उत्साह से उछलने लगे। मनोवैज्ञानिक बात थी कि इतना बड़ा दायित्व मिला है तो सब कूद रहे थे। उसी समय देखा गया कि हनुमान जी सबसे पीछे चुपचाप खड़े हैं। हनुमान जी को अपना ओवर प्रोजेक्शन करने में कोई रुचि नहीं रहती है। तब तुलसीदास जी ने पंक्ति लिखी –

पाछें पवन तनय सिरु नावा।
जानि काज प्रभु निकट बोलावा।।

सबके पीछे खड़े रहकर हनुमान जी ने भगवान को सिर नवाया। कार्य का विचार करके प्रभु ने उन्हें अपने पास बुलाया। क्योंकि जब सब आगे निकल गए और हनुमान जी पीछे से आकर प्रणाम करते हैं, तब राम जी ने उन्हें रोक लिया। अपने हाथों से उनका सर स्पर्श किया और अपनी अंगूठी हनुमान जी को दे दी। राम जी जानते थे कि सब उत्साह से जा रहे हैं, पर काम तो हनुमान जी ही करेंगे।

यहां एक बात ध्यान रखिएगा कि परमात्मा जानता है, किससे क्या काम लेना है और कौन काम कर सकता है। आज इस महामारी में भगवान ने हमें कुछ न कुछ दायित्व सौंपा होगा। उसको पूरा करिए, क्योंकि भगवान जानता है, किससे क्या काम लेना है।

सारे वानर चले सीता जी की खोज में। जंगल में सबको प्यास लगी तो जल नहीं मिलता है। प्यास से मरने की नौबत आ गई। हनुमान जी एक चट्टान पर खड़े होकर दृश्य देखते हैं कि कुछ पक्षी एक गुफा में जा रहे थे। हनुमान जी समझ गए कि यहां जल होगा। हनुमान जी ने कहा इस गुफा में चलते हैं, पर गुफा में जाने के लिए कोई तैयार नहीं हुआ। यहां तक कि नेतृत्व कर रहे अंगद ने भी प्रथम प्रवेश से मना कर दिया। तब हनुमान जी सबके आगे खड़े हो गए। इस दृश्य को तुलसीदास जी ने इस प्रकार लिखा –

आगें कैं हनुमंतहि लीन्हा, पैठे बिबर बिलंबन कीन्हा।।

सबने हनुमान जी को आगे कर लिया और बिना देरी के गुफा में घुस गए। जब सब प्रस्थान कर रहे थे उस समय हनुमान जी पीछे खड़े थे और यहां हनुमान जी सबसे आगे हो गए। वहां प्रदर्शन था और यहां सच्चा नेतृत्व करना था। प्रदर्शन से हनुमान जी बचते हैं। वे सबको गुफा में ले गए। स्वयंप्रभा जी ने जल पिलाया और सबसे कहा कि आँखें बंद करो, तुम लोग समुद्र के तट पर अपने आपको पाओगे और वहां सीता जी की सूचना मिलेगी।

हनुमान जी अपने चरित्र के माध्यम से हमें एक बात सिखा गए कि अपनी सेवा में पाखंड-प्रदर्शन नहीं करें। जब भी अवसर आए अपनी सेवा से नेतृत्व करें। आज हमारे धर्मगुरुओं का भी यही दायित्व है, सही नेतृत्व दें। लोग भटक नहीं जाएं, पीछे नहीं हटें। सेवा है तो फिर प्रदर्शन किस बात का?

3. नादानी

इस लॉक-डाउन के दौरान एक दौर ऐसा भी आया जब नादान लोगों ने इसको गंभीरता से नहीं लिया और सोशल डिस्टेंसिंग के नियम तोड़ दिए। जो लोग समझदारी से रहे वो यह कहते रह गए कि अगर ऐसा नहीं होता तो लॉक-डाउन पहले ही उठ जाता।

अब वक़्त है जब अवाम को सावधान रहना है, क्योंकि देश का जो दुश्मन है वो ना हिंदू है, ना मुस्लिम है, जो नियम तोड़ता है वो दुश्मन है। कुछ लोगों की बेवकूफी के कारण पूरे समुदाय को दोषी ठहराना उससे भी बड़ी मूर्खता होगी।

यह जो बीमारी है और इससे जो लड़ाई है उसमें यदि आपस में समझ नहीं है, विवेक नहीं है तो यह लॉक-डाउन, सोशल डिस्टेंसिंग, क्वारेंटीन इनका क्या असर होगा। विवेक जगाना ज़रूरी है। सभी धर्मगुरुओं को सख़्त संदेश देना होगा। नादानी में कोई भी ऐसा काम नहीं हो जो नियम के विरुद्ध

हो। सिर्फ़ विचार यह करना है कि आगे इस तरह का काम नहीं हो। ना सरकार के स्तर पर और ना ही समाज के स्तर पर भी।

गणेश जी की सीख

वेदव्यास जी ने जब 'महाभारत' तैयार की तो अपने मस्तिष्क में रख ली। फिर उन्हें लगा कि आने वाली पीढ़ी इस साहित्य को कैसे पढ़ पाएगी। इसका दस्तावेज़ तैयार किया जाए और इसके लिए एक लेखक चाहिए। मैं बोलता रहूं, वो लिखता रहे।

कौन अच्छा लेखक हो सकता है? तब उन्हें नारद जी ने सलाह दी कि गणेश जी से यह ग्रंथ लिखवाया जाए, इसलिए कि आपकी बुद्धिमत्ता को उनका विवेक मिल जाए तो साहित्य कुछ निराला हो जाए। 'भागवत' को भी गणेश जी ने ही लिखा।

गणेश जी ने एक छोटी सी शर्त रखी थी, इसे बिना रुके लिखवाना। व्यास जी ने भी शर्त रखी थी कि बिना अर्थ समझे एक भी पंक्ति मत लिखना। क्या तो लिखने वाला और क्या लिखवाने वाला। अद्भुत साहित्य हो गया।

यहां गणेश जी के विवेक चर्चा है। ऐसा लेखन, ऐसा साहित्य जो संसार में ख़ूब पढ़ा जाए, ऐसा एक विवेकशील व्यक्ति ही लिख सकता है। आज हमें ऐसी ही इबारत इस कोरोना संघर्ष की लिखना है और उसमें अपना विवेक जगाना पड़ेगा।

कोई भी समाज हो हिंदू, मुस्लिम या अन्य कोई, यदि आपने विवेक खो दिया तो आप पूरी मानवता के प्रति दुश्मनी का व्यवहार कर रहे होंगे। सचमुच जब विवेक खोया गया तभी तो इतने भयानक परिणाम आए। एक अवसर तो ऐसा आया कि क्या सभी मुसलमान दुश्मन हो गए। वो जो दुर्गंध उस समय लोगों ने फैलाई वो बहुत दिनों तक चलने वाली है। जिन्होंने ग़लती की वो भी विवेक जगाएं, जिन्हें अपनी ग़लती सुधारना है वो भी अपना विवेक जाग्रत करें और जिन्हें समाज में अब मिलजुलकर रहना है, वो भी अपना विवेक जाग्रत करें।

गणेश जी तो इतने लोकप्रिय देवता हैं कि उनके जन्मोत्सव से बड़ा कोई सार्वजनिक उत्सव नहीं होता। दस दिन गणेश उत्सव मनाने के बाद आता है विसर्जन का समय। विसर्जन जो वास्तव में एक सूनापन दे जाता है जीवन में, दस दिन के उत्सवी माहौल के बाद गणेश जी का जाना ख़ालीपन छोड़ जाता है – घर और जीवन में। लेकिन ये विसर्जन यही सिखाता है कि जीवन यही है – एक उत्सव जैसा। संयोग और वियोग जीवन के सत्य हैं।

जीवन काल में अपना विवेक जगाइए और कोरोना के कठिन दौर का पार पा जाइए।

4. इलाज : दवा के दावे

अंतरराष्ट्रीय स्तर पर दवा का शोध और शोर :

महामारी तो पहले भी फैली है देश में, लेकिन अब जो हुआ उसे 'न भूतो न भविष्यति' कह सकते हैं। ऐसा मंज़र पहले कभी नहीं देखा जब सब अपनी जगह ठहर गया हो। यातायात के सभी साधन बंद, बाज़ार बंद, कामकाज बंद और सिर्फ़ एक अदृश्य वायरस दुनियाभर में बिना टिकट, बिना वीजा घूम रहा है, पासपोर्ट का तो सवाल ही नहीं। इसके आवागमन को कोई नहीं रोक पा रहा, ना कोई नियम, ना कोई क़ायदा और ना ही कोई ताक़त।

तो यह मान लेना कि यह वायरस ख़त्म हो जाएगा, एक दिन वैक्सीन मिल जाएगी, थोड़ी जल्दबाजी होगी, इसके लिए धीरज रखना होगा। स्वास्थ्य विशेषज्ञों के अनुसार, कोरोना वायरस की वैक्सीन विकसित करने में अभी लंबा समय लग सकता है।

राष्ट्रीय और अंतरराष्ट्रीय स्तर पर अध्ययन जारी हैं तब तक सोशल डिस्टेंसिंग ही सामाजिक वैक्सीन है। यह बात लोगों के दिमाग़ में उतारना ज़रूरी है। सरकार ने अपने हिसाब से कैप्सूल तैयार किए हैं जो लॉक-डाउन, सोशल डिस्टेंसिंग और क्वारेंटीन के नाम से हमें निभाने होंगे। जब भी

लॉक-डाउन खुलेगा एक बात जनता को याद रखनी होगी कि सरकार जो कर सकती थी इस मामले में उसने कर दिया; अगर लॉक-डाउन खुलने के बाद सोशल डिस्टेंसिंग का पालन नहीं किया तो जनता के लिए 'करो या मरो' की स्थिति बन जाएगी।

सोशल डिस्टेंसिंग तो जीवन का हिस्सा ही होना है। एक अलग सोच अपने भीतर पैदा करना होगी। एक बचा तो सब बचे और सब बचे तो ही एक बचेगा। भाव तो कंधे से कंधा मिलाकर लड़ने का रखें, लेकिन बगैर कंधा मिलाए हुए।

छोटे कमरों में रहने वाले, बिना छत वाले इनकी भीड़ के बावजूद भी सोशल डिस्टेंसिंग को अपनाना ही पड़ेगा। सोशल डिस्टेंसिंग, लॉक-डाउन को चेतावनी मानकर चलें। अगर इन्हें चेतावनी नहीं समझा, तो नुक़सान होगा, क्योंकि कोरोना के मामले में जो चेतावनी पहले दी गई उन पर ध्यान नहीं दिया गया। वो ही लापरवाही अब नहीं हो जाए। सावधानी रखना ही दवा है। लॉक-डाउन और सोशल डिस्टेंसिंग को चेतावनी मानें। यह भूल सुधारने का मौक़ा और जीवन बचाने का एकमात्र अवसर है।

अब इलाज का युद्ध केवल अस्पतालों में नहीं, सामाजिक स्तर पर चेतना विकसित करके ही लड़ा जा सकता है। फिर हमारे देश में तो अशिक्षा भी एक बड़ा कारण है। उसके कारण लोग अपने लक्षण दबा लेते हैं। यह अपराध है और ज़िंदगी की सबसे बड़ी बेवकूफ़ी।

जागरूकता सबसे सहज दवा है

सब कुछ सरकार के भरोसे नहीं छोड़ा जा सकता। व्यक्तिगत और सामाजिक स्तर पर क़दम उठाने होंगे। ग़रीबी, अशिक्षा, अतार्किक वृत्ति, भीड़ बढ़ाना, धार्मिक स्थलों पर झुंड लगाना ये असावधानियां अभी भी समाज कर रहा है। वो इन उपचारों को नकार रहा है।

इसलिए जिस भी स्तर पर हो जागरूकता लानी पड़ेगी। इस मूर्खता का एक परिणाम और आ सकता है कि बीमार लोग और सेवादल वाले सामाजिक तिरस्कार और अलगाव का शिकार हो सकते हैं।

फेफड़ों से प्रभावित करने वाली इस बीमारी से निपटने के लिए कभी-कभी डर लगता है कि भारत की जनता अभी तैयार नहीं हुई है। वायु

प्रदूषण, टीबी और डायबिटीज से पीड़ित भारतवासी कम से कम अब तो समझें। दुनिया के 49 प्रतिशत डायबिटीज पीड़ित भारत में हैं और कोरोना उनको ढूँढ़ रहा है।

भारत की मेडिकल व्यवस्था उतनी समर्थ नहीं है। राज्य सरकारों के पास पीपीई (पर्सनल प्रोटेक्टिव इक्यूपमेंट) किट का संकट है। अभी भी डॉक्टर और स्टाफ़ को यह किट नहीं मिल रही है। कोविड-19 फैलने के पहले देश में पीपीई की सालाना खपत 50 हजार की थी और अब रोज़ एक लाख से अधिक की ज़रूरत है। इतना बड़ा अंतर भारत की व्यवस्था कैसे मिटा पाएगी?

वेंटिलेटर तो कम हैं ही और राय यह है कि जो लोग वेंटिलेटर पर जाते हैं उसमें से 20 प्रतिशत ही बचते हैं। दूसरे देशों ने तो वेंटिलेटर पर ध्यान देना ही छोड़ दिया है।

हालांकि केंद्र सरकार ने कोरोना वॉरियर्स और मेडिकल स्टाफ़ की सुरक्षा को लेकर एक हेल्प लाइन बनाई है, लेकिन बहुत आशाजनक परिणाम नहीं मिल रहे हैं। निजी अस्पतालों और सरकारी अस्पतालों की व्यवस्थाएं भी स्पष्ट नहीं हैं।

निजी अस्पतालों में यह प्रस्ताव भी आया कि कोरोना कॉर्नर बनाने चाहिए, लेकिन इसकी स्पष्ट और सख़्त नीति तय नहीं हो पा रही। मरीज अभी भी घूम रहे हैं और ये लंबे समय तक घूमते रहेंगे; निजी और सरकारी अस्पताल के बीच।

भारत में तो कुछ बातें पहले से जारी हैं, जिनसे थोड़ा सहारा है। हमारी जीन संरचना, बीसीजी के टीके, क्लोरोक्वीन यह पहले से होने के कारण कोरोना का प्रभाव विस्फोट बनकर नहीं निकला। जो सबसे बड़ा इलाज लॉक-डाउन था; उसमें हम सख़्त हो गए। भारत में युवा संख्या अधिक होने का फ़ायदा भी हमको मिल गया। मां के दूध में कोविड-19 वायरस नहीं पाया गया, तो गर्भस्थ शिशु पर असर कम पड़ेगा; यह भी सुखद हुआ।

जांच के आंकड़ों से यह भी तय हो गया अन्य देशों के मुक़ाबले भारत में कोरोना का फैलाव कम है, लेकिन जांच बढ़ानी पड़ेगी। सावधानी रखनी पड़ेगी। अभी भारत में टेस्टिंग की व्यवस्था टेस्टिंग पर ही चल रही है। इसके प्रति बहुत सावधान होना पड़ेगा, क्योंकि कोरोना के बारे में यह कहा जाता

था कि गर्मी में यह समाप्त हो जाएगा, लेकिन अब वो भी तय नहीं है। यह बात आज भी अपुष्ट है।

कोरोना के इलाज को लेकर सावधानी के विषय में जो तथ्य ज्ञात हैं वो तो भारतीय जनमानस में उतारने ही पड़ेंगे। जैसे खांसी, छींक से निकलने वाले कण यदि इनके निकट गए या ये आपके निकट आए तो वायरस फैलेगा। 14 से 21 दिन तक लक्षण नहीं दिखते और उस दौरान संक्रमित व्यक्ति कई लोगों के संपर्क में आ जाता है और एक चेन बन जाती है। यह बात हर व्यक्ति ठीक से समझे। इसीलिए सोशल डिस्टेंसिंग बहुत ज़रूरी हो जाती है।

शोध जारी है

वैक्सीन कब आएगी? यह यक्ष प्रश्न खड़ा ही हुआ है। दुनियाभर में टीमें इस पर काम कर रही हैं। चीन तो बहुत तेज़ी से जुटा हुआ है। अमेरिका दावा कर रहा है। अब एक बड़ा सवाल यह भी खड़ा हो गया है कि जब भी यह बनेगा पहले मिलेगा किसको? इसलिए सारे देश मिलकर काम कर रहे हैं।

अगर इबोला के उदाहरण से समझें तो, कनाडा में इसका वैक्सीन विकसित हुआ था। अमेरिका भेजा गया था शोध के लिए। निर्माण हुआ था जर्मनी में और तब सबने रोकी थी इबोला की बीमारी। अब एक नया ख़तरा और देखने में आया है कि बिना लक्षण वाले मरीज भी जांच करने पर पॉज़िटिव पाए गए। यह सुनकर चौंकना भी पड़ता है और चिंता में भी डूबना पड़ता है। इसलिए सावधान रहना और सावधानी रखना; इसकी प्रमुख दवा है। हमारे पास कुछ संजीवनी बूटियां हैं, जैसे – सोशल डिस्टेंसिंग, लॉक-डाउन, क्वारेंटीन, साफ़-सफ़ाई आदि। अभी तो इन्हीं का प्रयोग करें।

हनुमान जी की सीख

मेघनाद के बाण से लक्ष्मण जी मूर्छित हो गए। सुषेण वैद्य ने कहा सूर्य की किरण से यह वीरघातिनी शक्ति का विष बढ़ेगा और यदि सूर्योदय के पहले औषधि नहीं आई तो इनके प्राण बचना मुश्किल है। राम जी रो रहे थे और रावण जशन मना रहा था। उसकी जीत सुनिश्चित हो चुकी थी। वो जानता था कि औषधि कोई नहीं ला सकता।

तब हनुमान जी ने राम जी को आश्वस्त किया। राम ने कहा, "हनुमान! केवल औषधि लाने का मामला नहीं है, सूर्योदय के पहले औषधि लाना ज़रूरी है।" एक संकल्प दोहराया था हनुमान जी ने कि कल प्रातः का सूरज नहीं ऊगेगा; जब तक हनुमान औषधि लेकर नहीं आएगा। सूरज देवता ने हनुमान जी की सहायता की, प्रकाश दिया। वे औषधि के लिए द्रोणाचल पर्वत लाए। यहां सूरज ने हनुमान जी की जो मदद की इसका मतलब यह है कि यदि आपकी नीयत साफ़ है तो नियति भी आपका साथ देगी। संकल्प दृढ़ है तो परिणाम भी मिलेगा। लक्ष्मण जी सुरक्षित हो गए। इस प्रसंग से हनुमान जी हमें सिखा रहे हैं कि जो भी आज उपलब्ध है वही औषधि है और उसके प्रति दृढ़ संकल्पित रहें और नीयत साफ़ रखें। इसलिए सबसे बड़ी औषधि इस समय है - सोशल डिस्टेंसिंग, जो लंबी चलेगी।

लॉक-डाउन का जब भी मौक़ा आए उसका पालन करिए, क्वारेंटीन को समझिए, साफ़-सफ़ाई से जीएं। हनुमान जी का औषधि लाना यह प्रसंग हमें यही सिखा रहा है।

बचाव ही उपचार है :

1. योग करें - अनुलोम विलोम, सूर्य नमस्कार व प्राणायाम।

2. लिफ़्ट के बटन, एटीएम के उपयोग के बाद हाथ सेनेटाइजर से साफ़ करें।

3. सब्ज़ियां, फल लाते ही गर्म पानी से धो कर रखें।

कहानी कहती है -

भरोसा और वृत्ति सकारात्मक रखें :

राजा हिरण्यकशिपु की संतान था- प्रह्लाद। हिरण्यकशिपु बड़ा दुष्ट वृत्ति का व्यक्ति था और भगवान विष्णु से बैर रखता था। बेटे प्रह्लाद को उसने आदेशित किया था कि तुम विष्णु का नाम कभी नहीं लोगे। प्रह्लाद तो सदैव ही 'नारायण-नारायण' बोलकर उनको याद किया करते थे। एक दिन ज़िद में

आकर पिता ने कहा, "यह अंतिम आदेश है कि आज के बाद तुम्हारे मुख से नारायण शब्द नहीं निकलना चाहिए।"

जब प्रह्लाद फिर भी नहीं माने तो गुस्से में आकर हिरण्यकशिपु ने पूछा, "बता कहां है तेरा नारायण?" वह छोटा-सा बालक बोला, "आप मुझसे पूछ रहे हैं, कहां है मेरा नारायण? तो मैं आपसे पूछता हूं - कहां नहीं है मेरा नारायण?"

हिरण्यकशिपु जब अधिक आवेशित हो गया तो बोला, "यदि ऐसा है तो क्या यह जो महल का खंभा है, इसमें भी है तेरा नारायण?" प्रह्लाद ने भरोसे के शब्द बोलते हुए कह दिया, "हां, इसमें भी है मेरा नारायण।"

हिरण्यकशिपु ने ज़ोर से उस खंभे पर प्रहार किया तो ऐसी भयंकर गर्जना हुई कि लोकपाल कांप उठे। एक बार तो हिरण्यकश्यिपु भी मारे भय के इधर-उधर देखने लगा और अपने ही बेटे प्रह्लाद को समाप्त कर देने के लिए खड्ग लेकर दौड़ा। उधर भगवान नरसिंह जो आधे मनुष्य-आधे सिंह थे, खंभा फाड़कर प्रकट हुए।

हिरण्यकशिपु ने ऐसी आकृति पहले कभी नहीं देखी थी। विकराल शरीर, विशाल जबड़े, बड़े-बड़े भयंकर नाखून। देखकर सोचने लगा कि कहीं नारायण यानी भगवान विष्णु कोई मायावी रूप में तो नहीं आ गए! फिर सोचा कि आ भी गए होंगे तो मेरा क्या बिगाड़ लेंगे? मुझे तो स्वयं ब्रह्मा जी ने वरदान दे रखा है। मैं किसी मनुष्य या पशु के हाथ नहीं मर सकता।

उसी समय नरसिंह भगवान का रूप लिए प्रकट हुए विष्णु ने कहा, "मैं जानता हूं तुझे वरदान प्राप्त है, लेकिन इस समय मैं ना मनुष्य हूं, ना पशु। ना शस्त्र से मारूंगा, ना अस्त्र से। ना ऊपर, ना नीचे, ना भीतर और ना ही बाहर मारूंगा।" बस, राजसिंहासन पर बैठ गए। राजसिंहासन की स्थिति ऊपर-नीचे, बाहर-भीतर से अलग होती है। उन्होंने हिरण्यकशिपु को अपनी जंघा पर लिया और नाखूनों से चीर दिया। नाखून शस्त्र भी नहीं हैं, अस्त्र भी नहीं। आखिर मरना पड़ा हिरण्यकशिपु को।

देखिए, जिसका भी जन्म हुआ है, उसकी मृत्यु भी निश्चित है। फिर जन्म-मृत्यु के मामले में अहंकार कैसा! भगवान नरसिंह इतने क्रोध में थे कि पूरा ब्रह्मांड कांपने लगा। सारे देवता लक्ष्मी जी के पास पहुंचे। बोले, "अब

आप ही शांत कर सकती हैं विष्णु के इस अवतार को।" लेकिन विष्णु जी का वह रूप जब देखा तो लक्ष्मी जी ने भी इनकार कर दिया कि मैं तो नहीं जा सकती उनके पास।

देवता ब्रह्मा जी के पास पहुंचे। पूछा, "महाराज, इनको शांत कैसे करवाएंगे?" तब ब्रह्माजी ने कहा, "इस क्रोध से इन्हें एक ही व्यक्ति शांत करवा सकता है - प्रह्लाद।"

बालक प्रह्लाद हाथ जोड़कर कहने लगा, "आप अपना क्रोध शांत करिए भगवन्। मैं आपके इस रूप से भयभीत तो नहीं हो रहा, लेकिन पूरा ब्रह्मांड कांप रहा है, सारे लोग घबरा रहे हैं।" तब नरसिंह जी ने कहा, "बालक, बोलो, क्या मांगते हो?"

प्रह्लाद ने कहा, "और कुछ नहीं। बस, मेरे पिता को मुक्ति दे दीजिए।" यह सुनकर देवताओं की आँखों में भी आँसू आ गए। जिस पिता ने अपने पुत्र को ही मारने के लिए कोई कसर नहीं छोड़ी हो, आज वह पुत्र अपने उसी पिता की मुक्ति मांग रहा था।

कहानी हमें दो दृश्य दिखा गई। एक तो भगवान का खंभा फाड़कर आना और दूसरा प्रह्लाद द्वारा पिता की मुक्ति मांगना। आज हमारे जीवन में भी बहुत बड़ी परीक्षा की घड़ी चल रही है। अपने घर के हर कोने में परमात्मा को महसूस करिए और अपने भीतर दूसरों के हित की वृत्ति रखिए। कोरोना जैसी किसी भी महामारी के दौर में ये दो बातें आपको शांत करेंगी।

मार्मिक दृश्य

यहां कोरोना पॉज़िटिव लोगों की उन कहानियों के बारे में बता रहे हैं जो ज़िंदगी की जंग जीत कर फिर से सहजता से जीवन जी रहे हैं।

पेरिस की डॉक्टर आरेली गाउल को मार्च की शुरुआत में किसी पेशेंट से ही संक्रमण हुआ था। तेज़ बुखार, खांसी और सांस की तकलीफ़ से उन्हें बहुत परेशानी हुई। दो बच्चे जिनकी उम्र चार साल और छह साल की है, उनसे कहते कि मज़बूत बनें। हम आपसे बहुत प्यार करते हैं। कुछ दिनों बाद डॉक्टर ठीक हो गईं और फिर से अपने काम पर जाने लगीं, जहां उन्हें कोरोना पीड़ितों की सेवा करनी थी। मीडिया को अपने अनुभव बताते हुए उन्होंने कहा कि बच्चे और पति मेरी ज़िम्मेदारियों को समझते हैं। वो लोग

कोरोना को भी जानते और समझते हैं। मुझे उनसे दूर रह कर काम करना है और इसमें उन्होंने साथ दिया।

न्यू-यॉर्क के डॉक्टर पॉल सांडर्स भी कोरोना से खुद लड़ाई लड़कर फिर से मरीज़ों की सेवा करने आ गए हैं। उनका लौटना इसीलिए ज़रूरी था, क्योंकि वो फेफड़े में ऑक्सीजन देने के विशेषज्ञ हैं और इस बीमारी की गंभीरता ऐसे विशेषज्ञ की मांग करती है।

8

चार क़दम शांति की ओर

पहला चरण

वैसे तो हर मनुष्य कहीं ना कहीं अशांत है, जबकि खुश रहना हमारा जन्मसिद्ध अधिकार है। इस लॉक-डाउन के दौर में और इसके बाद अशांति नए रूप में अलग-अलग ढंग से आएगी।

ऐसे में क्या किया जाए? हनुमान चालीसा, ध्यान... इसका 24 मिनट का एक छोटा सा कोर्स है। इसे और सरल बनाने के लिए छह-छह मिनट के चार कैप्सूल बनाए गए हैं, जिन्हें 4 चरण कहा जा सकता है। आज से चार दिनों तक एक-एक चरण दिया जाएगा।

1. सुबह उठना कैसे?
2. दोपहर को क्या किया जाए?
3. शाम कैसे बिताई जाए?
4. रात को सोया कैसे जाए?

चार लेवल ऊर्जा के - शरीर में ऊर्जा का लेवल चार बार बदलता है। सूर्योदय से एक घंटे पूर्व और एक घंटे बाद हमारी सकारात्मक ऊर्जा 100 प्रतिशत और निगेटिव ज़ीरो रहती है। दोपहर को 12-2 बजे के बीच 50 प्रतिशत

133

पॉज़िटिव हो जाती है और 50 प्रतिशत निगेटिव। शाम को 5-7 बजे के बीच निगेटिव एनर्जी 100 और पॉज़िटिव 0 प्रतिशत। रात को 9-11 के बीच शाम की 100 प्रतिशत निगेटिव एनर्जी को नीचे गिरना होता है और ज़ीरो प्रतिशत पॉज़िटिव एनर्जी को ऊपर उठना रहता है।

हनुमान चालीसा और ध्यान

वैसे तो सूर्योदय के साथ उठना सबसे अच्छा है, लेकिन यदि ऐसा नहीं हो सके तो आप जब भी उठें तब यह क्रिया करें। सुबह अपने शयन कक्ष में चार चरण में इस क्रिया को कीजिए।

1. शैया स्नान

यह क्या है? - शैया (पलंग) छोड़ने के बाद हम अपने बाहरी शरीर को पानी से नहलाएंगे। इससे हम तरोताज़ा हो जाते हैं, पर शांत नहीं हो पाते, क्योंकि हमारे इस बाहर दिख रहे एक शरीर के भीतर सात शरीर हैं। भीतर के शरीर पानी से नहीं प्राण वायु से खुलेंगे, इसे ही शैया (पलंग) स्नान कहेंगे।

क्रिया- नींद खुलने पर कभी भी अचानक नहीं उठें। पीठ के बल लेटे रहें। शवासन की मुद्रा में। अब गहरी सांस खींचिए, कल्पना कीजिए कि ये केवल सांस नहीं ली जा रही, आप प्राण वायु खींच रहे हैं।

ध्यान दें, योग में कल्पना का बड़ा महत्त्व होता है। यह खींची गई प्राण वायु आपके मस्तक के बीचों-बीच से भीतर आई। फिर भीतर ही भीतर यह प्राण वायु आँखों में होकर, भीतर ही भीतर होंठ से गुज़रकर, कंठ, छाती से होकर नाभि पर आ गई।

कल्पना करिए यह नाभि से नीचे, पेट, जांघ, घुटने से होकर पंजों से बाहर निकल गई। इस क्रिया को तीन-चार बार करें। इसके बाद इसकी उल्टी क्रिया की जाएगी। इसमें कल्पना करिए कि प्राण वायु को खींचेंगे, लेकिन इस बार यह वायु मस्तक से नहीं पंजों से भीतर आएगी और नाभि पर रोक दें।

इसे भी तीन-चार बार करें।

ऐसा करते समय हनुमान चालीसा की 37वीं चौपाई-

जै जै जै हनुमान गोसाईं।
कृपा करहु गुरुदेव की नाईं।

का मानसिक जाप भी कर सकते हैं। इसे ही शैया स्नान कहेंगे।

2. नवजात हो जाएं :

यह क्या है?- नवजात यानी जिस शिशु का अभी-अभी जन्म हुआ हो। एक नवजात को दो बातों का सहारा होता है- मां की गोद और मां का आंचल। इस समय ना हम नवजात हैं ना हमारे पास मां है, लेकिन धरती मां तो है ही हमारे पास। हमें धरती मां से अब यह ओज, पॉजिटव एनर्जी के रूप में ग्रहण करनी है।

क्रिया- आप पलंग पर बैठे हुए हैं पैर लटकाकर। दोनों पंजे धरती पर टिके हैं। कृपया धरती पर नंगे पैर नहीं रखें कोई कपड़ा बिछा लें। दोनों हाथ घुटने पर रखिए, कमर सीधी और आँखें बंद। गहरी सांस खींचना है। इस कल्पना के साथ कि यह सांस धरती से उसका ओज लेकर पंजे से प्रवेश कर घुटने जांघ पेट से होकर भीतर ही भीतर नाभि पर आ गई, इसे यहां रोक लें। अब आपकी नाभि पंपिंग स्टेशन होगी। इस वायु को पूरे शरीर में नाभि से पंप कीजिए। चार-पांच बार इस क्रिया को करने के बाद खड़े हो जाएं। अब आप तैयार हो गए एक नवजात की तरह शुद्ध निष्कपट, निश्चल भाव से।

3. चलना और जपना

यह क्या है?- सामान्य रूप से सभी लोग अपने पलंग से खड़े होकर वॉश रूम, बाथ रूम तक जाते हैं। पलंग से आपके बाथरूम की दूरी 5-10 या 15 कदम होगी। ध्यान रखिए क्या करना है।

क्रिया– जैसे ही आप पलंग से खड़े होंगे, आपका शरीर धरती की सीध में होगा। सुबह पहली बार जब धरती पर उठाकर पहला क़दम आगे की ओर रखें, परमात्मा का जो भी नाम आपको ठीक लगे अवश्य· लें। फिर दूसरे क़दम उठाने के साथ नाम पुनः लीजिए। जितने क़दम लेकर आप अपने बाथरूम तक जाएं, बिना परमात्मा का नाम लिए क़दम नहीं उठाएं।

4. स्वयं का परिचय

वॉश रूम में पहले आइने में चेहरा देखें। गहराई से अपनी ही आँखों में झांकें। इस समय विचार शून्य रहें। चाहें तो इस समय हनुमान चालीसा या अन्य किसी मंत्र का मानसिक जप चलता रहे। दो-तीन दिन में ही आप पाएंगे कि देखने वाला कोई और है, तथा जो आइने में दिख रहा है, वो कोई और है। ये हैं वो यौगिक क्रियाएं, जिनमें एक ड्रिल के रूम में आपकी दैनिक गतिविधियां जोड़ दी गई हैं।

दूसरा चरण

हनुमान चालीसा और ध्यान

ध्यान का यह कोर्स 24 मिनट का है, जिसे छह-छह मिनट के चार चरणों में बांटा गया है। इस दूसरे चरण में हम सीखेंगे कि दोपहर के समय किस प्रकार ऊर्जा चक्रों पर ऊपर उठाया जाए। जिन्हें शांति की तलाश हो, वे एक शर्त मान लें – 'हमारे अलावा ना तो कोई दूसरा हमें शांत कर सकता है, ना ही अशांत।'

पहले स्वयं को समझ लें

हमारा व्यक्तित्व तीन बातों से बना है – शरीर, मन और आत्मा। शरीर = फ़िजिकल बॉडी, मन = माइंड, और आत्मा = मेंटल बॉडी। हमारे शरीर और आत्मा को मन ने एक सेतु के रूप में जोड़ रखा है।

शरीर और आत्मा में जितना अंतर कम होगा, हम उतने अधिक अशांत होंगे। यह अंतर जितना बढ़ेगा, हम उतने ही शांत होंगे। इसलिए मन रूपी सेतु को तोड़ना पड़ेगा, ताकि अंतर बढ़ जाए और हमें शांति प्राप्त हो सके।

मन और मेडिटेशन (ध्यान)

ध्यान का संबंध सांस से है। हमारा मन सांस के माध्यम से विचारों का भोजन प्राप्त करता है। मन को यह भोजन देना बंद कर दें तो वह निष्क्रिय हो जाएगा और हम शांत हो जाएंगे। क्योंकि – मन सक्रिय कि हम अशांत। इसके लिए विचारशून्य सांस लेने का अभ्यास किया जाए। चूंकि हम विचारशून्य सांस नहीं ले पाते, इसलिए हर आती-जाती सांस को हनुमान चालीसा की चौपाइयों से जोड़ दिया जाए।

चक्रों से ऊर्जा ऊपर उठाना (6 मिनट)

बाहर से एक दिख रहे हमारे इस शरीर में भीतर सात शरीर हैं, जिन्हें चक्र कहा गया है। दो चक्र नाभि के नीचे हैं और चार ऊपर। जीवन ऊर्जा यदि नाभि के नीचे के चक्रों पर रहेगी तो हम अशांत रहेंगे। जैसे-जैसे ऊर्जा नाभि के ऊपर के चक्रों पर आएगी, आत्मा की अनुभूति होगी और हम शांत होते जाएंगे। तीन बातों से ऊर्जा ऊपर उठती है। ये तीन बातें हैं - चक्र, सांस और मंत्र। मंत्र कोई भी हो सकता है, लेकिन यहां हमारा मंत्र हनुमान चालीसा रहेगा। हनुमान चालीसा में 43 पंक्तियां हैं। दो दोहे आरंभ में, मध्य में चालीस चौपाइयां और एक दोहा अंत में।

क्रिया

कमर सीधी रखें, आँखें बंद... सारा ध्यान शरीर के सबसे नीचे वाले चक्र मूलाधार जो कि मेरुदण्ड (स्पाइनल कॉर्ड की बॉटम) पर होता है, इस पर लगाएं। गहरी सांस लें और इस सांस में पहला दोहा (श्री गुरु चरन सरोज रज...) मानसिक जप के साथ घोल लें तथा सांस को मूलाधार चक्र पर ले जाकर वहां यह दोहा रख दें।

फिर, इसी प्रकार से हनुमान चालीसा का ये दूसरा दोहा (बुद्धिहीन तनु जानिके...) सांस के माध्यम से इसी चक्र पर रख दें।

मानसिक जाप करें

अब 40 चौपाइयों को पांच भागों में बांटकर (आठ-आठ चौपाई) हर चक्र (दूसरे से छठे) सांस के साथ मानसिक जप करते हुए रखना है। ध्यान रखिए - आपकी कमर सीधी रहेगी, आँखें और होंठ बंद रहेंगे।

हमारा सातवां चक्र सहस्रार है जो कि मस्तक के बीचों बीच में होता है। इसे देखने का एक ढंग है। आपकी पलकें बंद रहेंगी, भीतर पुतलियों को उठाएं। मस्तक के भीतर केंद्र में देखें, जैसे छतरी खोलकर अंदर से ऊपर देखा जा रहा हो। अंतिम दोहा (पवन तनय संकट हरण...) इसी चक्र पर रखना है।

इस प्रकार कल्पना कीजिए कि हमारी ऊर्जा नीचे के चक्र से ऊपर उठी है। ध्यान रखिए, यह कल्पना से उठती ही है। ऊर्जा जितनी ऊपर के चक्रों पर होगी, हम उतने ही ओज-तेज और प्रसन्नता से भरे हुए रहेंगे। यह ध्यान रखना है।

ऊर्जा ऊपर उठी है, आप दुनिया के शांत व्यक्तियों में हैं। थोड़ी देर आँखें बंद ही रखें। धीरे-धीरे पलकों को खोलें। यह जो ऊर्जा ऊपर उठी है, इसे हौले-हौले पूरे शरीर में बहने दें। इस क्रिया को आप घर में, ऑफ़िस में या जो भी अपना कार्यस्थल हो, कहीं पर भी कर सकते हैं। भोजन से पहले करें तो बहुत अच्छा है।

एक सुझाव : चूंकि अधिकांश लोगों को हनुमान चालीसा रटा हुआ है। इसलिए मानसिक जप करते समय क्रम याद नहीं रहेगा कि कौन-सी चौपाई किस चक्र पर रखना है। अतः अपने मोबाइल फ़ोन में अपनी ही आवाज़ में पुस्तक से पढ़कर चालीसा रिकॉर्ड कर लें। इससे आपके लिए सुविधा हो जाएगी।

तीसरा चरण

हनुमान चालीसा और ध्यान

शाम के समय हमारी ऊर्जा सौ प्रतिशत निगेटिव और पॉज़िटिविटी शून्य होती है। दुनिया में डिप्रेशन के सर्वाधिक मामले इसी समय होते हैं। इस चरण को तीन भाग में करेंगे। संसार में दो प्राणी ऐसे हैं, जिनके शरीर से 24 घंटे पॉज़िटिव एनर्जी निकलती है। एक हमें जन्म देने वाली मां और दूसरी गौ-माता।

पहली क्रिया

कमर सीधी, आँखें बंद, सारा ध्यान दोनों भौंहों के बीच लगा लें। यहां हमारा छठा यानी आज्ञाचक्र होता है। मां जीवित हों या दिवंगत, उनका चेहरा यहां पर देखें। गहरी सांस लेकर नाभि तक लाएं और वहीं से छोड़ें। आधुनिक विज्ञान आज भी इस बारे में बहुत अधिक शोध कर रहा है कि आख़िर मां की छवि को आज्ञाचक्र पर देखने से कोई शांत क्यों हो जाता है?

दूसरी क्रिया

इसमें गाय से जुड़ें। अवसर मिले तो गाय की आँखों में आँखें डालकर देखिए। बहुत गहरी होती है गाय की आँखें। आपको इस तरह से मेडिटेशन-सी अनुभूति होगी।

यदि गाय उपलब्ध नहीं हो तो अपने स्थान पर एक प्रयोग करें। गाय के गोबर के कंडे (उपले) के छोटे-छोटे टुकड़े लें, एक छोटा-सा हवनकुंड या हैंडल वाला मिट्टी का दीया ले लें। दीये में कंडे रखें, उसके ऊपर कपूर रख अग्नि प्रज्ज्वलित करें। गाय के घी से हनुमान चालीसा बोलते हुए 43 पंक्तियों की 43 आहुतियां (स्वाहा... के साथ) दें। कुछ देर बाद, जब यह ज्वाला शांत

हो जाए तो उससे निकलने वाली धूनी (धुआं) अपने घर या स्थान में घुमा दें। यह विज्ञान सम्मत है कि इस धूनी में 200 प्रतिशत पॉज़िटिव ऊर्जा रहती है, जिसकी हमें घरों में, हमारे स्थान पर बहुत जरूरत है।

शाम कैसे बिताएं : (छः मिनट का कोर्स)

ध्यान, यानी अकेले होने का आनंद। ध्यान का गहरा संबंध सांस से है। मन की सभी दशाएं, सांस से जुड़ी हैं। ये हैं इसके 2 चरण...

पहला चरण : होश जगाएं (अवेयरनेस)

कमर सीधी व सुखासन में बैठें, गहरी सांस लें और छोड़ें। चेतना सांस पर टिकाएं। देखें सांस भीतर आती व बाहर जाती है। स्वयं भी भीतर आएं, बाहर जाएं। बीच में विचार आएं, तो आने दें। भीतर आती सांस के साथ स्वयं को आने में और बाहर जाती सांस के साथ स्वयं को जानें। पूर्ण विचार शून्य सांस लें। जितना सांस के प्रति जाग्रत होंगे, उतना होश जागेगा।

दूसरा चरण : सहमत हो जाएं

ध्यान में जब हम सांस ले रहे हों, छोड़ रहे हों, अनेक बाहरी गतिविधियां सुनाई देंगी। गिरा बर्तन, गाड़ी का हॉर्न, पक्षी की आवाज़। इन्हें बाधा नहीं मानें। सबको ध्यान की सीढ़ी बना लें। धीरे-धीरे आपके भीतर एक भावदशा जागेगी। बाहर के हर व्यवधान को इस भावदशा में सहायक बना लें। कुल मिलाकर हर बात से राज़ी हो जाएं। इस बीच ध्यान की प्रक्रिया का पहला चरण जारी रहेगा। सांस लेना, सांस छोड़ना और उसके साथ स्वयं की चेतना बाहर जाएगी, भीतर आएगी। अब दोनों चरण एक साथ रहेंगे।

तीसरा चरण : 'मैं' गिरा दें

लगातार पहली दो क्रियाएं करते रहें। अब इसमें यह तीसरी भावदशा जुड़ेगी। अपने 'मैं' होने को धीरे-धीरे समाप्त करना है। 'मैं सांस ले रहा हूं।' यह बोध तब समाप्त होने लगेगा। थोड़ी देर के लिए भूल जाएं कि आप कौन हैं। अपना नाम, पहचान, रिश्ते सब विस्मृत कर दें। सिर्फ़ ईश्वर के अंश बन जाएं। अब तीनों चरण एक साथ करें। करते रहें तीन से पांच मिनट तक। अपनी सुविधा अनुसार समय बढ़ा लें तो और अच्छा होगा।

चौथा चरण : साक्षी हो जाएं

जैसे-जैसे ये तीन क्रियाएं करते जाएंगे, शरीर और आत्मा का अंतर बढ़ता जाएगा, क्योंकि इन दोनों को सांस ने जोड़ रखा है। सांस इन दोनों के बीच का सेतु है। अधिक सांस ली, कि अधिक अंतर हुआ और आप परमात्मा के अधिक निकट हुए। यही है स्वयं का साक्षी हो जाना। यहां स्वयं को देखना सीख गए तो 24 घंटे संसार के काम करते हुए स्वयं को देखने लगेंगे। यह चेतना से जुड़ा अलगाव (कॉन्शस अटैच्ड-डिटैच्ड) है। अपने ही भीतर से निकलकर अपने आपको देखें। अब चारों चरण एक साथ करिए। यहां से ध्यान घटना शुरू होगा। हम शाम की सारी निगेटिविटी को पॉज़िटिव बना चुके होंगे।

चौथा चरण

हनुमान चालीसा और ध्यान

24 मिनट के ध्यान के इस कोर्स को छह-छह मिनट के चार भागों में बांटा गया है –

1. सुबह उठना कैसे
2. दोपहर को क्या करें
3. शाम कैसे बिताएं
4. रात को सोना कैसे।

नींद कम आए या अधिक, जब आना हो तब नहीं आए तो यह बीमारी ही है। अब सात चरण (छह मिनट) में तैयार हो जाएं गहरी नींद में उतरने के लिए...

आज जानिए रात को सोना कैसे है : (छह मिनट का कोर्स)

1. कंपन मिटाना :

सीधे खड़े हों। दोनों पैर नीचे से चिपका लें। हाथ जोड़ें, आँखें बंद, गहरी सांस लें और ध्यान अपने मूलाधार चक्र पर रखें। एक टांग पर भी खड़े रह सकते हैं। शरीर बाहर से कंपन करेगा। इसे रोकें। बाहर का कंपन रुकेगा तो हम भीतर से भी शांत होंगे। इस समय हनुमान चालीसा की चौपाई 'जै जै जै हनुमान गोसाईं...' का मानसिक जप करते रहें।

2. निढाल होना :

अपने आपको हल्का कर लें। पृथ्वी के गुरुत्वाकर्षण के विरुद्ध नहीं रहें। सांस के माध्यम से पृथ्वी से जुड़ जाएं। शरीर को ऐसा ढीला छोड़ दें जैसे हैंगर पर गीला कपड़ा लटकाया जाता है। दिनभर हमने बहुत काम किया, बहुत लोगों से मिले। इस निढाल होने में सबकुछ बह जाने दें। ऐसा महसूस करते रहें।

3. गुंजन करें :

दूसरे चरण में हमने खुद को हल्का किया और पृथ्वी से जुड़े, अब हम तीसरे चरण में गुंजन करेंगे। अब कमर सीधी, आँखें व होंठ बंद और 'ओ३म्...' का गुंजन करें। फिर इसी ध्वनि को हृदय में सुनें।

4. आज्ञाचक्र पर देखें :

कमर सीधी, आँखें बंद। ध्यान दोनों भौंहों के बीच आज्ञाचक्र पर लगा दें। ध्यान से वहीं देखें। अपने इष्ट, गुरू या माता-पिता की छवि भी यहां देखें। फिर शरीर को आज्ञा दें कि अब शांति से सोना है।

5. प्राण वायु रोम-रोम में :

गहरी सांस लें और प्राण वायु को नाभि पर लाकर रोकें। फिर नाभि को पंपिंग स्टेशन बनाकर सबसे पहले भीतर ही भीतर पैर के पंजों पर पंप करें। नीचे से ऊपर तक प्रत्येक अंग में भीतर ही भीतर इस प्राण वायु से पंप कर रोम-रोम धो दें, साफ़ कर दें। एक तरह से पूरे शरीर में प्राण वायु भर दें और महसूस करें कि भीतर यही वायु सात चक्र में फैल जाए। इस समय हनुमान चालीसा की 37वीं चौपाई- 'जै जै जै हनुमान गोसाईं...' का मानसिक जप करते रहें।

विशेष : ये तीन क्रियाएं खड़े होकर करनी हैं। इसके बाद अपनी सुविधा के अनुसार पलंग या किसी अन्य स्थान पर बैठ जाएं।

6. ओंकार नाद :

इसमें एक निश्चित ड्रिल में 'ओ३म्...' का गुंजन करना है। कमर सीधी, आँखें बंद। गहरी सांस भरें और फिर 'अ.. उ...' बोलते हुए 20 प्रतिशत समय लगाएं तथा 80 प्रतिशत समय 'म्' बोलते हुए गुंजन करें। यहां होंठ बंद हो जाएंगे। इस समय ध्यान नाभि पर रखें। 5-7 बार इस क्रिया को करना है। महसूस करें कि इस क्रिया के बाद अपनी आत्मा के साथ सोने को तैयार हैं। अपने और दूसरे के शरीर के साथ तो सोते ही हैं, इस क्रिया से आत्मा के साथ सोने की अनुभूति होगी।

7. विचार शून्य सांस के साथ सो जाएं :

इन छह चरणों के बाद अंतिम चरण में बिस्तर पर कुछ देर बाईं करवट से लेट जाएं। इसके बाद पीठ के बल लेटते हुए नाक से सांस लें व मुंह से निकालें। ऐसा कम से कम सात बार करें। फिर विचार शून्य सांस लेते हुए शांति से सो जाएं... ध्यान रखिए, हम मनुष्य हैं। शांत रहना हमारा जन्मसिद्ध अधिकार है।

9
___

पूर्णाहुति

ना कोरोना विदा होगा, ना हम जुदा होंगे

भारत कोरोना से जंग में विजयी होने के संकल्प के साथ जुटा हुआ है। इस बीच, कई देशों ने अपने नागरिकों को छोड़ ही दिया; मृत्यु से सीधे साक्षात्कार के लिए। चीन, अमेरिका, उत्तर कोरिया जैसे देश ऐसा ही करते गए। ये इनकी लाचारी थी या कोई योजना यह तो समय बताएगा।

अब जो भारत में किया जा रहा है उसमें ज़रूरत से ज़्यादा सावधानी बरतनी होगी। सारे तरीक़े बहुत कुशल रखने होंगे। तैयारी जहां-जहां कच्ची होगी कोरोना को वहां-वहां सुविधा होगी। इसलिए निर्णय केवल काग़ज़ी और सतही नहीं हों, क्योंकि इसके ख़तरे हमारे देश में जन्मजात हैं।

अभी तो ऐसा ही लग रहा है कि कोरोना चील के झपट्टे की तरह आ-जा रहा है, लेकिन चील एक बात और ख़तरनाक बता गई, बिना लक्षण वाले मरीज भी पॉज़िटिव मिल रहे हैं।

हर देशवासी को कुछ बातें अपनी नीयत और शैली में उतारनी ही होंगी। भीड़ से गुज़रना यानी आँख पर पट्टी बांधकर चलने जैसा होगा। सार्वजनिक स्थानों पर खांसी, छींक गाली हो जाएगी। स्वच्छता को पुण्य बना लिया जाए और गंदगी को सबसे बड़ा पाप मान लिया जाए। सोशल डिस्टेंसिंग हमारे देश की एक ऐसी पूजा होगी, जिसमें सारे व्रत, उत्सव-त्यौहार समा जाएंगे।

लॉक -डाउन जहां भी, जैसे भी, जब भी हटेगा, 'फिर फैलने' का ख़तरा मंडराएगा ही। कोरोना ने अपना फोकस ग्रुप ढूंढ़ लिया है – अतिसंवेदनशील, कमज़ोर और उम्र दराज लोग। इन्हें बचाना होगा।

सॉफ़्ट लॉक-डाउन की समझ को आम भारतीयजन में प्रशिक्षण के रूप में गंभीरता से उतारा जाए। जो भी इस मामले में सतर्क होगा और दूसरों को करेगा, वो देश की सच्ची सेवा ही करेगा। सरकार की सख़्ती को सकारात्मक रूप में लेने की सोच पैदा की जाए।

वरना खुला लॉक-डाउन ऐसा होगा कि नल भी खुले रख दिए जाएं और फ़र्श भी सुखाया जा रहा हो, लेकिन दुर्भाग्य में सौभाग्य ढूंढ़ना हम भारतीयों की तासीर है। हर बात बाद में उतनी बुरी नहीं निकलती जितनी शुरू में हमें दिखती है, यह भी एक सिद्धांत है।

ज़िंदगी की रेस जब तेज़ गति चाहती है तो एक क़दम पीछे लेना पड़ता है। सुनकर हैरानी तो होती है, लेकिन सोच कर देखें, क्यों एक बार श्रीकृष्ण ने अपने शत्रु का मुक़ाबला ना कर मैदान छोड़ने में ही भलाई समझी? और वहां उनका नाम पड़ा रणछोड़। कृष्ण उस वक़्त जानते थे कि उस समय उनके शत्रु यानी जरासंध काल यवन की ताक़त उनसे कहीं ज़्यादा थी। रण छोड़कर वह यह संदेश देना चाह रहे थे कि दुश्मन का सामना तभी करना चाहिए जब आपको अपने बल पर पूरा यक़ीन हो। इस समय कोरोना के डर से रण छोड़ वाली नीति अपनाने में भलाई है।

बीहड़ में एक कहावत है। यहां दुश्मन ख़त्म हो जाता है पर दुश्मनी ज़िंदा रहती है। कोरोना के कहर में बीमार मरते जाएंगे, बीमारी ज़िंदा होती जाएगी। तैयार रहिए, तैयारी रखिए, यह लड़ाई लंबी चलेगी।

आभार

श्रीमती सुमित्रा देवी मेहता, श्रीमती आभा मेहता, स्नेहा राय, राकेश शर्मा, रमेश राय, सार्थक, पं. लखन, पवन, योगव्रत, सोमेंद्र हर्ष, ईशान हर्ष, विमल चंद्र, दैनिक भास्कर समूह।